国末憲人

ポピュリズムと欧州動乱

フランスはEU崩壊の引き金を引くのか

講談社＋α《プラスアルファ》新書

はじめに　欧州が欧州でなくなるとき

ニューヨーク五番街にそびえ立つ五十八階建てトランプ・タワーの地下に、大理石風の内装を持つシックなアイスクリームパーラーがある。ドナルド・トランプの米大統領就任式を八日後に控えた二〇一七年一月十二日、男性三人と女性一人が店内のテーブルを囲んでいた。いずれもスーツ姿で、観光客とは思えない。カップのコーヒーを前に、深刻そうな表情で話し込んでいる。

誰かがその様子を、陰から撮影した。写真は、ツイッターを通じてフランス中に広まった。

「マリーヌ・ルペン、ニューヨークに現る！」

四人は、フランスの右翼政党「国民戦線」の女性党首マリーヌ・ルペンと、党幹部や知人たちだった。

本来なら、彼女はフランス大統領選を三ヵ月あまり後に控え、準備に忙殺されているはずである。なのにこの時、大西洋を越えた理由を、マリーヌ本人は後に「資金調達のためだった」とメディアに説明した。彼女はフランスの銀行の貸し渋りに遭い、大統領選の資金繰りに苦労していた。だから、融資をしてくれる金融機関を探して米国まで来たのだという。

一方で、「トランプと会おうとしたのでは」との臆測も流れた。一緒にいた三人の男の一人が、トランプ・タワー内に居を構えるイタリア人実業家グイド・ロンバルディだったからだ。彼は同じタワーの住人トランプ自身と親交を結ぶ一方、イタリアの右翼政党「北部同盟」と深くかかわり、欧州各国のナショナリスト勢力やポピュリスト政党とも密接な関係を保っていた。

真相はわからない。この時、マリーヌは結局、トランプと会わなかったようだ。ただ、両者が何らかの形でつながりを持とうとしている可能性は残る。

マリーヌ・ルペンとの結びつきを感じさせる大物指導者が、もう一人いる。ロシアの大統領ウラジーミル・プーチンである。マリーヌは二〇一一年に国民戦線の党首に就任して以降、少なくとも三度モスクワを訪問したほか、大統領選直前の一七年三月には、モスクワでプーチン本人とも会談した。

マリーヌを挟んで、トランプとプーチンが結びつくネットワークが、おぼろげながら姿を現している。

米国にトランプ政権が誕生し、シリア和平などでロシアのプーチン政権が国際的な影響力を回復した二〇一七年春の世界情勢は、それでなくてもきな臭い。一言で表現すると、米ロ双方に居座る極めて強権的な政権が欧州を包囲する構図である。欧州が世界に発信してきた自由、人権、民主主義、国際法支配といった理念が、米ロ政権の権威主義、分断統治、自国優先、伝統価値への回帰といった閉鎖的な価値観に、押し潰されつつあるように見える。

欧州連合（EU）の方針を定め、統合を牽引してきたのは、ドイツとフランスだった。どちらかが転ぶと、欧州は欧州でなくなりかねない。マリーヌ・ルペンの存在は、難民危機や財政問題、テロなどですでに追い詰められた欧州にとって、最大の脅威となりつつある。

折しも、フランスは五年に一度の大統領選を迎えている。ここでマリーヌ・ルペンが当選すればもちろん、しなくても躍進ぶりを見せつければ、EUは大きな打撃を受ける。

彼女の台頭は、単なる一過性のブームにとどまらず、長期的な病理に根ざしていると考えられる。その一つは、フランス社会が抱える閉塞感である。外部から迫り来る脅威、内部から持ち上がる矛盾、それに対する長年の政権の無策が、この国を機能不全に陥れている。右も左もこの状況に打つ手を持たず、自らの世界に閉じこもる。その意味で、マリーヌに評価すべき点も少なくない。他の政治勢力が置き去りにした人々、見捨てられた人々のもとに通い、彼らの不安や不満を彼女なりに代弁しようと試みているからだ。

もう一つは、フランスという枠を超えて、文明社会、民主主義社会全体に広がるひずみである。民主主義の中から、大衆に迎合するポピュリズムが生まれてきた。そのポピュリズムが、民主主義を否定しかねない権威主義にいつの間にか変貌しつつある。そのうねりはすでに、ハンガリーやポーランドで反EU政権を生んだ。マリーヌ・ルペンも、その延長線上に位置している。

マリーヌ・ルペン、トランプ、プーチンといった権威主義がトレンドとなった背景には、現代社会そのものが抱える構造的な問題も横たわっている。トルコ出身の経済学者ダニ・ロドリックが「世界経済の政治的トリレンマ」と名付けた矛盾である。すなわち、「ハイパーグローバリゼーション」「民主主義」「国家主権」の三者はトリレンマ（三すくみ）関係にあり、実現できるのはこのうちの二つに限られる。

選択肢は三つある。

【一】民主主義を制限して、グローバル経済が与える経済的社会的な損害を無視する。

【二】グローバル化を制限して、民主主義を守っていく。

【三】国家主権を犠牲にしてグローバル民主主義を目指す。

欧米民主国家はこれまで、三者のバランスを何とか取ろうと、四苦八苦してきた。EUは

【三】にあたり、国家の主権を犠牲にしてグローバルな統治体制を築くことで枠内の民主主義を守ろうとした試みと位置づけられる。

ところがここに、「【一】を選択して民主主義を諦めれば、すべてうまくいくじゃないか」と声高に言いふらす国々が現れてきた。民主主義をもともと採用していない中国に、ロシアが加わり、トランプの米国も合流しようとしている。これらの国々は、保護主義を主張しているように見えて、実はグローバル化の恩恵を最も享受しつつ、国内を締め付けて文句を封じ込める。

マリーヌ・ルペンの根底にも、同様の発想がうかがえる。フランス共和国の理念「自由」「平等」「博愛」を正面に掲げながらも、実際には言論の多様性を認めず、自らへの批判を封じ、社会を分断して異端を排除しようとする姿勢が見え隠れする。

政権を担った場合、マリーヌはたぶん、自らの権威を振りかざすようになるだろう。それに迎合するメディアや知識人が大手を振り、権力を批判する者は厳しく糾弾される。社会に漂っていた閉塞感は、緊張感へと変わる。自由にものの言えない権威主義社会の下で、民主主義はさほど重要な意味を持たなくなる――。

それでもなお、フランスはフランスであり得るだろうか。それは、「フランスのロシア化」ではなかろうか。いや、下手をすると「中国化」ではないか。

本書は、マリーヌ・ルペンとその現象を、フランスが置かれた現実の中に位置づけて考えようと試みている。第一章、第二章ではまず、フランスの自由と民主主義を主に外から圧迫するテロやイスラム主義の現状を報告する。続く第三章、第四章では、そのような脅威に対して歴代政権がいかに無策だったかを描く。第五章からは、フランス社会の現状を見るとともに、国民戦線とマリーヌ・ルペンの台頭を招いた要因、その経緯、社会に受け入れられるよう狙った国民戦線側の戦略、そこに潜む危険性、さらにはロシアと結びつく彼らのネットワークを、順次追いたい。第十章で大統領選を具体的に展望した後、今後のフランスと欧州、世界を最終章で予想する。

本書では、マリーヌ・ルペンをしばしば「マリーヌ」と表記する。これは、主に父ジャン＝マリー・ルペンと区別するための措置であり、特段の親しみを感じてのことではない。ジャーナリストとしてこれまで彼女の動向を断続的に追ってきた私は、何度か接する機会も持ち、その毅然とした態度と弁舌家としての能力にある種の敬意を抱いてきた。一方で、彼女が強権的あるいは独断的な態度に出る場面も目にし、その考えに潜む危うさや怪しさも感じている。過度に親近感を持たず、さりとて遠ざからない程度の距離感で彼女を描けないかと考える。

フランスは常に、日本の数歩前を歩いてきた。両者とも昔は上り坂を勇んでのぼっていたが、今は下り坂をとぼとぼと下りている。坂を下りきった向こうに何があるか、フランスの後ろ姿を通して見極めたい。

目次

第一章　イスラム過激派の世界から

2015年11月の「パリ同時テロ」の現場となったカフェ

テロリストと共有した思い出

パリのセーヌ川左岸、モンパルナス近くのカフェに姿を現したその男は、テラス席に身を置くなりそわそわし始めた。

「誰かに話を聞かれないだろうか」

周囲を見渡し、不審な人物を見定める。録音機やカメラが仕掛けられていないかを確認する。隣のテーブルに着こうとした客には、店員に指示して離れた席に移動するよう頼む始末である。

しかし、彼は犯罪者でもなければ、スパイでもない。主にテレビ番組の制作に取り組むフリージャーナリストで、名をカリム・バウーズという。当局による監視や盗聴をそこまで警戒するのは、彼がフランスで恐らく唯一、国際テロ組織「アルカイダ」や過激派組織「イスラム国」に連なるテロリストと恒常的に接触している記者であるからだ。

イスラム過激派やテロ関係者は通常、ジャーナリズムを敵視し、メディアの取材にも応じようとしない。アルジェリア系移民二世でイスラム教徒（ムスリム）のバウーズは、幼いころから培ってきた知人や友人のつてを通じてコンタクトを取る方法を開拓し、彼らの視点から見た世界を報道し続けてきた。

その過程で出会った一人の記憶を、バウーズは語った。

二〇〇五年のことである。その二年前に起きたイラク戦争後、混乱を極めるイラクに志願兵を送り込む過激派の組織が、欧州各地に生まれていた。フランスでは、パリ市内のアパルトマンの一室を利用したイスラム礼拝所がその活動の拠点だった。テレビ局の取材班の一員として実態を追っていたバウーズは、礼拝所に出入りしていた若者たちへのインタビューを続けていた。その中に、頑強に取材を拒む兄弟二人がいたが、説得の末、サイードという名の兄だけが会ってくれることになった。

待ち合わせ場所として指定した下町の寂《さび》れたカフェに、サイードは友人を連れて現れた。中東風の白装束で、少しひげを生やしている。穏やかで、表情に笑みを絶やさない一方、警戒感もありありだった。無理もない。彼はちょうど、三日間にわたって警察の事情聴取を受けたところで、バウーズを警察の回し者だと疑っていた。

「お前、ムスリムか。礼拝をしているか」

サイードは冷笑するような表情で尋ねた。バウーズが応える。

「それはあんたに関係ないことだ。神と私との問題だから」

そのような態度を、どうやら先方は気に入ったようだ。サイードは、自分たちを常に疑いの目で見る警察への恨みを語った。日常生活について、普段暮らしている地域について、信仰についてと、話は次第に広がった。幼少のころに与えられたビスケットの話でも盛り上がった。アルファベットの文字をかたどった安物で、石のごとく固いこのビスケットを、二人とも食べていた。自宅で使っていたヘアブラシも、北アフリカ系の硬い髪の毛に向いた同じものだった。

この男は、思い出と文化を自分と共有している。バウーズはそう感じた。二時間にわたる会話が終わった時、二人の間には信頼関係が築かれたように思えた。その後、三年ほど交流が続いた後、サイードからの音信は途絶えた。

サイードの姓はクアシという。バウーズと会って十年後、彼が弟のシェリフ・クアシとともに引き起こした事件は、イスラム過激派が欧州で引き起こす一連の大規模テロの幕開けとなった。

相次いだ大規模テロ

二〇一五年一月七日、カラシニコフ銃を持った二人の男が、パリの風刺週刊紙『シャルリー・エブド』編集部を襲撃し、風刺画家や記者らを殺害した。容疑者は、武装組織「アルカイダ」を標榜するアルジェリア系フランス人サイード・クアシ、シェリフ・クアシの兄弟だと判明した。二日後、これに呼応する形で別の男がパリ市内のユダヤ人スーパーを襲い、客や店員を殺害した後に人質を取って立てこもった。こちらの容疑者は、過激派組織「イスラム国」を名乗るマリ系フランス人アメディ・クリバリである。いずれも、治安部隊との銃撃戦の末に射殺された。犠牲者は十七人に達した。

テロの標的となった『シャルリー・エブド』は、政治家から有名人、カトリック教会、大企業と、あらゆる権威、権力を批判する先鋭的な姿勢で知られていた。イスラム過激派も風刺の対象にしたことから、以前から脅迫を受けていた。この事件は、言論の自由に対する挑戦だと受け止められた。

同じ年の十一月十三日、「パリ同時テロ」が起きた。『シャルリー・エブド』事件の現場からそれほど遠くない劇場「バタクラン」や四ヵ所の飲食店、パリ北郊のサッカースタジアム「スタッド・ド・フランス」などが銃や爆弾でほぼ同時に襲撃された。無差別に殺害された市民は百三十人にものぼった。実行したのは、隣国ベルギーの首都ブリュッセル郊外モレンベークを拠点とする過激派グループである。翌年三月には、ブリュッセルの空港と地下鉄駅で自爆テロがあり、三十人あまりの市民が犠牲になった。パリのテロを実行した集団の残党が追い詰められて引き起こしたと考えられた。

その年のフランス革命記念日にあたる七月十四日、今度は南仏ニースで、トラック暴走テロが起きた。観光名所として知られる海岸通りにトラックが突入し、花火大会で集まった群衆をなぎ倒して走り続けたのである。チュニジア出身の容疑者は最終的に射殺されたが、八十人以上が犠牲になるという、単独犯による殺人としては史上例を見ない惨事となった。

背景にある社会のひずみ

これらの大規模テロのほか、銃や刃物による殺傷や襲撃事件、テロの未遂も相次いだ。その影響は甚大である。

フランスは三十年間にわたり、世界で最も多くの外国人訪問者を集める国であり続けた。国連世界観光機関などの統計によると、二〇一五年の総数は年間八千四百万人あまりに達し、二位米国の七千七百万人余、三位スペインの六千八百万人余を上回る。観光はフランスの基幹産業であり、この国の豊かさと美しさは食料品や衣類のブランド戦略とも密接に結びついた。日本人にとっても、フランスは長い間憧れの国だった。

その評判が急落した。『フィガロ』紙によると、二〇一六年にパリで宿泊した外国人観光客は前年比一〇%減となった。ホテルでは空室が目立ち、宿泊料も暴落した。新たなテロへの不安から旅行者は足踏みし、行き先を他の国に変えた。

お洒落で華やかなイメージを醸していたパリは、一転して陰鬱で危険な街になった。

テロに対して、政府や当局が手をこまねいていたわけではない。実際、フランスはテロを長年にわたって封じ込めてきた国だった。

フランスでは一九九〇年代半ば、アルジェリアの「武装イスラム集団」（GIA）によるテロが相次いだ。しかし、パリの高速地下鉄で一九九五年十月に起きた爆発で約三十人がけがをして以後、イスラム過激派によるテロは十六年あまりにわたって途絶えた。欧州ではこの間、二〇〇四年にスペインの首都マドリード近郊で列車連続爆破テロ、〇五年にはロンドンで地下鉄連続爆破テロが起きただけに、フランスの治安対策や移民統合政策の成果を多くの人が評価した。

沈黙が破られたのは二〇一二年三月、南仏のトゥールーズ周辺で起きた事件である。ユダヤ系学校の教師や子ども七人が射殺され、アルカイダを自称する容疑者は銃撃戦の末に死亡した。以後、銃撃や未遂事件が次第に増え、『シャルリー・エブド』襲撃事件に至ったのである。

これに対し、オランド政権が打ち出したのは、シリアでの空爆強化と空母の中東派遣だった。これでは、米ブッシュ政権が九・一一テロの報復としてイラク攻撃に踏み切った対応と、基本的に変わらない。本来の脅威を封じるのではなく、華々しい軍事的成果を上げて溜飲を下げるのが目的となってしまっていた。

つけ込む勧誘者

テロ対策で何より求められるのは、捜査と防止に正面から取り組むと同時に、テロの口実となる社会のひずみや機能不全と真剣に向き合い、改善を図ることだ。逆に見ると、社会の中に生まれた亀裂や矛盾にこそ、テロリストは巣くう。

バウーズが生まれ育ったのは、パリの南隣にあたるヴァシュ＝ノワールという地区である。現在は再開発が進んですっかり小ぎれいになったが、元来ここは無機質な高層住宅棟が林立する団地だった。フランスの大都市の多くでは、石畳の街並みが残る旧市街の住宅価格が高騰し、低所得者や失業者の多くは「シテ」と呼ばれるこのような団地に暮らしている。「シテ」の住民のかなりの部分を、北アフリカや西アフリカから来た移民やその子孫が占める。そこには、失業や生活難があふれている。犯罪や麻薬も、日常の風景の一部である。

「シテの人々が抱える苦悩を、国は三十年間にわたって放置し続けてきました。その結果、秩序の空白地帯が生まれてしまった。すべての原因はそこにあるのです」

バウーズの暮らすヴァシュ＝ノワール地区でも、少年グループのちょっとしたいさかいが流血沙汰にしばしば発展した。傷害事件が頻発し、怒り、恨み、屈辱感が交錯する。若者たちは、社会に見捨てられたと、被害妄想を抱く。

「若者たちにそんな心の隙間があるからこそ、『勧誘者』がつけ込むのです」

家族を亡くしたり犯罪に手を染めたりで不安定な精神状態に陥った若者たちのもとを、親戚や友人に紹介されたと称して、ある日男が訪ねてくる。悩みの相談に乗り、不満と不安を共有して信頼を得る。そのうえで、「国家はあなたに何もしてくれない。今こそイスラム同胞の一員となれ」と組織にいざなう。

アルカイダやイスラム国に連なるイスラム過激派の入り口には、このような「勧誘者」が必ず存在する。

「彼らは、傷ついた獲物が発するにおいをかぎつけて近寄ります。最初は聞き役に徹し、次に蜜と毒の言葉を使い分けて語りかける。その手法は極めて巧みです」

差別を実感するとき

そう説明できるのは、バウーズ自身も「勧誘者」のささやきを受けたことがあるからだ。他の若者たちと同様に、打ちひしがれ、社会に恨みを抱いた時だった。

シテ出身者としては珍しく、バウーズは大学で財政学を学び、大学院に進んで法学修士の称号も得た。就職活動では、関心を持つ企業から連絡をもらった。電話で話した感触は上々で、その日の午後に面接を受けることになった。彼は、小躍りしつつ母親に告げた。

「ママン、いい仕事が見つかりそうだ。カネを儲けて、ここから引っ越そう」

バウーズはスーツを着込んで、バスチーユ広場に近い事務所を訪れた。しかし、実際には全く相手にされず、面接は数分で終わった。彼は彫りの深い顔立ちで、北アフリカ系だと一目でわかる。「だから採用されなかったに違いない」。彼はしょげてシテに戻った。

入社試験で平等な選考が少なくとも表面上保証されている日本とは異なり、フランスでは多くの場合、就職はコネ次第である。移民家庭には、そもそも人脈自体が乏しい。雇用の際に欧州系を優先する傾向も、フランス社会には根強い。

結局、ありつけた唯一の仕事は、手紙や書類をバイクで届ける配達員だった。「大学院を出てこれか」。しかし、この時すでに、バウーズの父は亡くなっていた。兄弟姉妹が七人おり、家族の生活を支えなければならなかった。

ある日、届け物の文書を抱えてエッフェル塔近くの弁護士事務所を訪ねた。受付を入ると、ほんの一メートル先の席に大学の同級生がいた。弁護士としてここに就職していたのである。バウーズは恥ずかしさでいっぱいになったが、同級生は彼の方を振り向こうともしなかった。自分は一顧だにされない存在なのだと、身に染みた。

「勧誘者」が近づいてきたのは、そのころだった。

「何て名前だ？　カリム？　いい名前だな」

その男はエリックと名乗った。キリスト教からの改宗者である。南アジア起源のイスラム主義集団「タブリーグ」に所属し、その集まりにバウーズをいざなった。タブリーグ自体はテロと関係が薄いが、この団体を経てさらに過激なグループに移るケースがしばしば見られ、問題となっていた。

エリックは快活で、ユーモアたっぷりだった。社会に対する不満を募らせていたバウーズにとって、その言葉は響いた。

「そこで誘いに乗らなかったのは、母のおかげです。私は母の愛情をずっと感じて育ちましたから。ただ、この時例えば母を失うなど不幸が重なっていたら、どうなっていたかわかりませんね」

バウーズは辛うじて踏みとどまったが、彼の友は同じような誘いに引き寄せられた。近所のサッカー仲間だったサリム・ベンガレムである。若者グループ同士の抗争で相手を死なせたベンガレムは、収監された刑務所内で「勧誘者」に出会い、過激派の世界にのめり込んだ。二〇一一年、ベンガレムはイエメンに渡航し、現地の過激派「アラビア半島のアルカイダ」の元で軍事訓練を受けた。この時、行動を共にしたのが、クアシ兄弟のうちの一人、恐らく弟のシェリフである。バウーズの世界とテロリストの世界は、取材を通じてだけでなく、実生活でも接していた。

ベンガレムはその後シリアに渡り、二〇一七年現在、「イスラム国」の幹部として欧州でのテロ計画を練っているとみられている。

聖戦サンタ

テロ組織への「勧誘者」の問題は、フランスにとどまらず、欧州全体で取り組むべき喫緊の課題となりつつある。しかし、対応は鈍い。政府や当局がテロに対する危機感を欠いているうえに、お役所体質が染み込んで迅速な動きができなくなっているからだ。

『シャルリー・エブド』襲撃事件の容疑者三人の場合、「勧誘者」の役を務めたのは、ジャメル・ベガルという男だと考えられている。ベガルは、アルカイダのフランス人組織を束ねていた人物で、パリの米大使館爆破計画を立てたとして二〇〇一年に拘束され、パリ郊外の刑務所で服役していた。三人のうち、クアシ兄弟の弟のシェリフとアメディ・クリバリは、過激派の礼拝所とのかかわりや銀行強盗などの罪で同じ刑務所に収監された際に、ベガルと出会ったのである。本来なら、刑務所内での勧誘や布教活動は許されないが、実際には監視の目が行き届かず、大っぴらだった。シェリフとクリバリはここですっかりベガルに魅了され、出所後も頻繁に会い、テロへの道に引きずり込まれていった。

パリ同時テロやブリュッセル連続テロを企てたグループにも、「勧誘者」が介在している。このグループの多くは、ブリュッセル西郊に位置するモレンベークで生まれ育った移民二世である。この街では、やはりアルカイダ系の組織と関係を持っていたモロッコ人のハリド・ゼルカニが、地元で酒や麻薬におぼれる移民系の若者たちに声をかけ、過激派の世界に導く役目を果たしていた。彼がシリアに送り出した若者は三年間で五十九人に及び、その一人がパリ同時テロの首謀者だとみられている。

ゼルカニはひげを蓄え、若者たちに小遣いや渡航費を与えたことから「ジハード（聖戦）のサンタクロース」とあだ名されていた。二〇一六年にテロ組織参加の罪で禁錮十五年の判決を受けた。

ベガルやゼルカニのようにテロリストを生み出す人物を封じ込めない限り、テロの防止はかなわない。

シテの苦悩と自家栽培テロ

一連の事件は「ホームグロウン・テロ」（自家栽培テロ）と呼ばれている。中東などから入り込んだ人物によるのでなく、容疑者の多くが欧州に生まれ育ったり、欧州に長く暮らしたりしていたイスラム教徒であるからだ。

彼らがテロに走るのは「イスラム教徒に対する差別や偏見がフランス社会にあるから」と

しばしば説明されてきた。しかし、バウーズはこうした見方を明確に否定する。フランスに多いアルジェリア系やモロッコ系の移民家庭は、世俗的なフランス社会にすっかりなじみ、イスラム教徒としてのアイデンティティーをほとんど持たなくなっているからだという。

バウーズ家では、熱心なイスラム教徒なら口にしない酒類が、毎晩必ず食卓に並んでいた。

「ワインのない夕食は、太陽が昇らない一日のようなものだ。それが私の父の口癖でした。父のためにボルドーを二本買いに行くのが、私の仕事でしたから。それに、近所のイスラム教徒の家はどこでも、クリスマスに平気でツリーを飾っていました。イスラム回帰の動きなど実際には起きていなかったし、誰もそんなものを望んでいませんでした」

欧州を代表するイスラム世界専門家で欧州大学院大学（ＥＵＩ）教授のオリヴィエ・ロワも、イスラム教を通じて状況を説明する見方には否定的である。

「そもそも、欧州に『イスラム社会』などというものが存在するとは思えません。もちろんイスラム教徒は住んでいますが、彼らが一つのコミュニティーを形成しているわけではない。フランスにもベルギーにも『イスラム社会の指導者』なんていないし、『イスラム票』『イスラム・ロビー』も見当たらないのが現実です」

つまり、ここで議論すべきなのは「イスラム教徒」の待遇や権利ではない。貧困や治安悪化といった社会環境がテロリストを生み出す土壌を形成しており、そこにつけ込む動きがあるという事実である。前者を改善し、後者に警戒すべきであるのは、他の犯罪と何ら変わらない。しかし、議論はしばしば「テロ防止」対「イスラム教徒の権利」といったように、到底かみ合わない対立軸で進められる。これが対応の混乱を招いている。

テロが恐ろしいのは、多くの人命を奪うことにとどまらない。一人の市民がテロに遭う確率は、極めて低い。問題は、生き残った人々、テロと無縁に暮らす人々の意識をも蝕《むしば》むことだ。テロの目的はむしろ、遭遇しなかった人々に不安と恐怖感を与えることにある。

テロの脅威の下で、人々の動揺は大きい。テロ直後には北アフリカ系住民やイスラム教徒への嫌がらせが相次ぎ、大きな問題となった。状況はその後落ち着いたが、市民は内向き志向を強めつつある。それは、欧州統合に反対する各国の右翼やポピュリスト政党を勢いづかせることにもつながった。

折しも、内戦状態に陥ったリビアやシリアなどから押し寄せる難民への対応が問題となった。地中海やエーゲ海を渡って欧州を目指す難民は、北アフリカや中東諸国での民主化運動「アラブの春」の動きが激しくなった二〇一一年ごろに急増した。シリア内戦が激化した一五年には、エーゲ海からギリシャに入って陸路北を目指す難民の列ができた。これに伴い、テロと難民を結びつける言説が広がった。実際、一部のテロリストが難民に紛れて欧州に入ったため、人々の不安に火がついた。

テロは基本的に犯罪であり、取り締まりや反撃をするうえで様々なノウハウの蓄積もある。政府や当局に求められるのは、さほど複雑な営みではない。勧誘のネットワークを壊滅させ、過激派の温床となってきた地域社会の意識を活性化させ、欧州レベルでの情報の共有や捜査協力を丁寧に進めるなら、テロリストの動きは長期的に衰退に向かう。

しかし、不安や恐怖感は根強い。この意識と密接に結びついているのが、次章で述べるイスラム主義への懸念である。

第二章　『服従』の共和国

大聖堂の脇に青空市が広がるパリ北郊の街サンドニ。道行く人のほとんどを移民やその子孫が占める

政教分離とイスラムとの衝突

革命後に世俗政権とカトリックとが激しく争った歴史を持つフランスでは、一九〇五年に成立した政教分離法が国家や政府に宗教とのかかわりを禁じ、その状態が定着した。だから、フランスで宗教は、個人レベルの信仰の地位にとどまり、公共の空間には張り出さない。加えて、文明国家のどこでもそうだが、宗教は普段の生活の中で大きな役割を果たさなくなっている。

フランスで比較的新しい宗教であるイスラム教の場合も同様に、公的な空間での居場所はない。また、カリム・バウーズの父が毎日ボルドーで晩酌をしていた前章の例にもあるように、北アフリカや西アフリカのイスラム教家庭の移民一世の多くは宗教へのこだわりを持たず、フランスの近代社会に積極的に溶け込もうとした。

ところが、フランスでイスラム教徒が自らの権利を要求し、社会と軋轢《あつれき》を起こすケースが、近年目立つようになった。これは、ここ三十年足らずの間に持ち上がってきたトレンドであり、十字軍とか「文明の衝突」とかの歴史的な文脈とは無縁である。

最初に問題となったのは、公立学校でのムスリム女生徒のスカーフ着用問題だった。一九八九年、パリ北郊の街クレイユの公立中学校で、女生徒三人が身につけていたスカーフを取るよう、教師が命じた。学校は政教分離の場であり、教師はスカーフを重要な宗教的意匠と見なしたのである。スカーフを「宗教的な権利」と位置づける支援団体が抗議活動を展開し、大きな議論となった。

問題はいったん収まったものの、その後「フランス・イスラム組織連合」（ＵＯＩＦ、二〇一七年に「フランスのムスリム」に名称変更）がスカーフの着用運動を進めたことから、二〇〇〇年代に入って再び学校で緊張が高まった。ＵＯＩＦは主にモロッコ系移民二世が集まったイスラム団体で、「原理主義団体」「穏健派イスラム組織」といった位置づけをされている。エジプトのイスラム組織「ムスリム同胞団」の強い影響を受け、布教と勢力拡大に励む。

こうした動きに、与野党の議員らが反発した。フランスの政界では「長年の教会との闘争の末に政教分離を勝ち取った」と考える意識が根強く、宗教勢力の伸長には過敏に反応する。片やムスリム女生徒やイスラム団体、片や政治家や教育行政当局が、スカーフを巡って対立を深めた。ついには、当時の大統領シラク直属の委員会が対応を検討し、公立学校でのスカーフ着用は禁止された。

そして、軋轢はさらに広がった。いくつかの街では、公営プールで女性専用の利用時間を設けるようイスラム団体が要求した。「見知らぬ男性の目の前では、イスラム女性は落ち着いて泳げない」という理由である。北部リールはこれを認め、女性専用時間を設けたが、

「特定の宗教に配慮しすぎ」との声が上がった。パリ西郊トラップでは、「公共サービスは宗教から独立すべきだ」と市長が要求をはねつけた。

信教の自由が極めて重要であり、基本的に認められるべきなのは、言うまでもない。一方で、それが社会の規則や良識を逸脱する場合、制限されてもやむを得ない。地下鉄サリン事件を起こしたオウム真理教は、その信仰がどうであろうと罰せられる。四人まで妻を持てると聖典に書かれていようが、男女平等の国で一夫多妻制は認められない。

近代以降の先進国では、判断の権限は宗教の側でなく、社会の側にあった。その原則が揺らぎ始めていた。

「ブルキニ」を巡る騒動

突然持ち上がった「ブルキニ」騒動も、基本的にはスカーフ問題の延長である。「ブルキニ」はムスリム女性向けの水着で、二〇〇〇年代半ばに売り出された。顔以外のほとんどの部分を布で覆い、肌を露出させないようにできている。名称は、体全体を覆うアフガニスタンのベール「ブルカ」と「ビキニ」をかけ合わせたもの。

ブルキニを巡ってはすでに二〇〇九年ごろ、フランス国内のプールで着用しようとするムスリム女性に対し、衛生上の問題を理由にプール側が断ってトラブルとなったケースがあった。ただ、学校でのスカーフほどの騒ぎにはならないでいた。

それが二〇一六年夏に突然、ニュースの焦点として扱われるようになった。地中海の保養地コートダジュールの海岸でこれを身につけようとする女性が現れたためである。著名なリゾート地のカンヌなどいくつかの自治体は、ブルキニ着用を禁止した。この服装が宗教を誇示するものにあたる、と見なしたのだった。これに対し、行政裁判の最高裁にあたる国務院(コンセイユ・デタ)が自治体の判断を凍結する裁定を下すなど、対応は揺れた。

たかが水着がなぜ、国家を揺るがす論争に至ったのか。一つには、その直前に同じコートダジュールのニースで起きたトラック暴走テロが影響していた。容疑者として射殺されたチュニジア人青年には過激派組織「イスラム国」とのつながりが指摘されており、地元を中心にイスラム教徒への反感が強まった。ブルキニは、そのような意識のはけ口となった。

一方で、騒ぎの理由を一部のフランス人の偏見と片付けるわけにもいかない。それは、社会の懸念の現れだった。市民の多くは、スカーフやブルキニの着用を進める運動の背後に「イスラム主義」の影を見たのである。

イスラム主義は、かつて「イスラム原理主義」と呼ばれることが多かった。イスラム法「シャリア」を現実の社会に適用したり、イスラムの規範を厳格に守らせようとしたりする考えである。

イスラム主義を人々が警戒するのは、それがテロの入り口となっているからだと、よくいわれる。確かに、最初にムスリム同胞団やタブリーグなどイスラム主義団体で活動し、飽き足らなくなってさらに過激な方向に進んだ例はいくつも報告されている。ただ、それは主に中東諸国などで見られる現象で、短期間で過激化する欧州のホームグロウン・テロリストには当てはまりにくい。

最大の理由は別のところにある。多くのフランス人は、イスラム主義の価値観自体に脅威の芽を感じ取っているのである。政教分離の原則に限らず、自分たちが長年培ってきた「自由」「平等」「民主主義」「人権」といった欧米型のリベラル・デモクラシーの理念自体を蝕むのではないか。そのような懸念である。

同胞団創設者の孫

イスラム主義運動の鍵を握る人物として近年注目を集めているのが、イスラム思想家のタリク・ラマダンである。

彼の祖父は、イスラム世界で知らぬ者のいない人物、エジプトの「ムスリム同胞団」創設者ハサン・アルバンナーである。イスラム世界では血筋を大事にするだけに、このような毛並みの良さが、彼のカリスマ的な人気につながっている。

ラマダンは一九六二年、家族の亡命先ジュネーブで生まれた。スイスの中学校に勤めた後、エジプト留学を経て、英オックスフォード大学教授の肩書を持つに至っている。もっとも、学者としての実績には疑問を持つ人が多い。むしろ、若者に人生観や心構えをわかりやすく説くタレント文化人として名を上げてきた。男前で、物腰が柔らかく、雄弁でもあることから、特に若いムスリム女性の間で絶大なる人気を誇る。彼のフェイスブックには二百万の「いいね！」が集まる。

フランスをはじめとする欧州各国から米国、ペルシャ湾岸諸国での講演会に、テレビ出演にと引っ張りだこで、将来は政治家に転身するのではと取りざたもされる。英語も流暢に話すが、フランス語を母語としており、特にフランス語圏で活発に動き回る。「フランス・イスラム組織連合」（ＵＯＩＦ）の集会にも頻繁に登場した。

そのラマダンが二〇一六年九月、東京・六本木の国際文化会館の招きで来日した。これを機に、私は彼に約一時間ほどインタビューする機会を得た。

ラマダンは普段から、ムスリムの若者たちに対して「自らのアイデンティティーを主張することこそ重要だ」と説き、欧州とイスラムとの上下関係を否定すべきだと主張している。私の前でも、彼は同様の論理を展開した。

「何より必要なのは、欧州とイスラムとの対等な関係です。相手を認め合い、相互に尊重し合う精神を持つことです。植民地の人々を、支配者はしばしば『いい人』『悪い人』に分類してきました。いい人とは支配を受け入れる人、悪い人とは抵抗する人。こんな単純な善悪の論理からは、相互尊重の精神は生まれません」

「フランスで、イスラムと聞いて七〇％の人が暴力を思い浮かべる。英国では六五％がムスリムに疑いの目を向けている。米国でトランプが『ムスリムを入国させるな』と発言したら支持率が上がる。イスラム教への印象はあまりに否定的で、いかに信頼関係が失われているかがわかります」

国際文化会館の一室で向き合った彼は、とうとうと熱弁を振るった。

しかし、欧州に暮らすムスリムの若者たちが宗教的に強いアイデンティティーを持つと、欧州市民としての自覚を妨げることにならないだろうか。

「ムスリムであることと欧州人であることとの間には、何の矛盾もありません。私を例にしても、アイデンティティーは一つではあり得ない。男であり、エジプト系であり、ムスリムであり、スイス国籍であり、大学人でもあるわけです。内面の信念を語る際にはムスリムとしてのアイデンティティーがまず先に立ちますし、選挙に行く際には何よりもスイス人だと感じます。何者であるかは状況次第です」

「私にそれなりの人気があるのも、長年にわたって一貫して『西欧人であると同時にムスリムであることは可能だ』と訴え続けているからです。私は、自らが西欧文化に染まっていることも隠しません。自らを西欧的ムスリムと位置づけていますから」

ブルキニは「存在の証左」

ならば、「ブルキニ」を巡る騒動はどうか。欧州社会とイスラム教徒との摩擦が現実に存在するから、このような出来事が起きるのではないか。

「『ブルキニ』の名称は、アフガニスタンでタリバーンが女性に強要するベール『ブルカ』に由来しています。実際には、ブルカとは何の関係もない単なる水着に過ぎません。そこに、アフガニスタンのイスラム組織『タリバーン』を連想させるような名をつけてしまったことで、脅威があおられました」

「ブルキニ問題は、アイデンティティーの摩擦などではありません。ムスリムが欧州社会で存在感を示してきたことの証左に過ぎないのです。彼らの存在が可視化され、『我ここにあり』と主張できるようになったのです。これは、社会統合の失敗の印ではなく、逆にムスリムが欧州社会に溶け込み、成功した証しととらえるべきです」

しかし、「イスラム教徒はアイデンティティーを堂々と主張せよ」との主張に、フランスをはじめ欧州各国の当局は疑念を隠さない。

欧州社会に溶け込もうとした移民一世の世代に対し、フランス生まれフランス国籍の移民二世の間ではしばしば、「イスラム回帰」の現象がうかがえる。いや、「回帰」の用語は、正確だとは言い難い。世俗化した移民家庭に育った彼らは、イスラム教の信仰や文化を親から受け継いでいない。むしろ、生活環境の不備や就職で味わう挫折感を機に、欧州社会から疎外されたという意識を抱き、イスラムに自らのアイデンティティーを新たに発見するのである。

それは、フランス国家にとって由々しき問題だ。国家から見ると、彼らに望むのはフランス市民としての自覚であって、イスラム教徒としての覚醒ではない。こうした若者の行動の背後に、ラマダンやイスラム主義による扇動がないだろうか。ラマダンは若者たちに対して、欧州の市民としてではなく、イスラム教徒として生きるよう促していないか。

「違います。ムスリムがムスリムであり続けよ、といっているだけです。それを『イスラム回帰だ』と騒ぐのは、ムスリムがイスラム教を捨てることを望む人だけです」

ラマダンは特に、フランス社会の風潮に批判の矛先を向けた。

「フランス人は、自国の社会問題をイスラム教と結びつけたがります。でも、失業や学校崩壊など移民街が抱える問題は、イスラム教と何の関係もない。問題が解決できないから、単に口実を探しているだけなのです」

ポピュリストに似て

ラマダンは、最後まで笑みを絶やさなかった。その言葉はよどみない。主張が一貫しており、論理も整っている。一方で、何かすっきりしない感じが拭《ぬぐ》えない。有り体《てい》に言うと、どこかに論理のすり替えがあるように思えて仕方ない。

一番の問題は、すべての議論の前提となる欧州のイスラム教徒の世界を、まるで中東の強固なイスラム社会のように彼が描いていることである。確かにエジプトやヨルダンなら、人々は生まれた時からイスラム教の規範の下で育ち、イスラム教徒としての自覚をことさら言われなくても持っている。しかし、欧州では話が違う。フランスに暮らしている限り、いかにイスラム教徒であろうと、宗教に固執する人はさほど多くない。そのような社会で育った若者があえて「イスラム教に目覚める」ことを、「ムスリムがムスリムであり続ける」と表現するのは、詭弁《きべん》ではないか。

フランス国内のイスラム教徒を少数民族のように位置づけ、抑圧を防ごうと呼びかけることにも、違和感が残る。イスラム教徒を仮に特定の集団ととらえたとしても、例えばフランス西部のブルトン語話者や南西部のバスク人といった本当の少数民族とは根本的に異なる要素を、彼らは持っている。フランス国外に何億という母集団を抱えていることだ。

この状況は、リトアニア、ラトビア、エストニアのバルト三国におけるロシア人の地位に似ている。この三国にはソ連併合時代、海と文化と豊かな生活を求めて多くのロシア人が住み着いた。彼らは、三国が独立してEU、北大西洋条約機構（NATO）に加盟した後も現地に残り、暮らし続けている。その数はラトビアで全人口の約三割、エストニアで二五％に達する。

バルト三国のロシア系の位置づけは複雑だ。三ヵ国それぞれの国籍を取得した人もいれば、ロシア国籍を持つ人、ソ連国籍のままの人、無国籍の人に分かれ、それぞれが抱くアイデンティティーも異なっている。二〇一四年にエストニアのロシア系住民を取材した限りだと、彼らの大多数はエストニア語を習得し、エストニアのEUへの統合を望んでいた。ただ、お年寄りを中心にロシアへの帰属心を持ち続ける人々もおり、また少数だがロシアのプーチン政権と結びついて国内治安の攪乱《かくらん》要因と見なされる人々もいる。彼らをどう市民社会に組み入れるかは、三ヵ国の大きな課題となっている。

もちろん、ロシア系がロシア語で生活し、自らの文化や伝統を引き継いでいく権利は重要だ。ただ、彼らがプーチン流の市民運動弾圧やロシア人優先策をエストニア国内で要求し始めると、おかしなことになる。まずはエストニアとEUが維持する言論の自由や人権の価値観を受け入れるところに大前提があるのはいうまでもない。それは、フランスのイスラム教徒の場合も同様である。

イスラム的「自由」の正体

ラマダンに話を戻すと、彼の言動はむしろ、ムスリムの若者たちが抱える不安定な心理につけ込んでいるように見える。大衆の不安や不満を結集するのは、ポピュリストが得意とする手法である。インタビューではそのことも尋ねてみた。不満を抱く人々を結集するあなたの手法は、主張の内容こそ異なれども、米国のトランプやフランスの右翼ルペンらポピュリストに近いものを感じるのだが。

彼はここでも、感情の揺れを見せなかった。

「人々を動員する政治的な言説を私が展開しているのは確かです。市民なら誰にでも、政治的な立場があります。その意味では、私も政治的な人間ですから」

その言葉を額面通りには受け取れない。彼は、単に普通の市民と同じ程度に政治的であるにとどまらず、自らの言動で社会を動かそうと試みる正真正銘の政治家である。政治家の発言は、自らの立場を正当化しようとするものとして聞き置いた方がいい。

彼の言葉を、客観的な立場から分析できる人物として、東京大学先端科学技術研究センター准教授の池内恵を訪ねた。池内はイスラム政治思想、中東地域研究の第一人者として知られる一方、フランス語の文献も読み込み、欧州の状況にも詳しい。

池内は、ラマダンが主張する「欧州とイスラムは対等であるべきだ」といった論理に潜む落とし穴を指摘した。

「『イスラム教徒にも信教の自由を』との主張は、一見正当に見えます。西欧が自由と平等を掲げる以上、イスラム教にも様々な権利を与えるべきだと考える人は多いでしょう。では、そのイスラム教は西欧のような自由を認めているでしょうか。イスラム社会で他の宗教を信じることが許されますか」

池内によると、イスラム教の教義が主張しているのは、正しい宗教、つまりイスラム教を信じる「自由」である。ユダヤ教やキリスト教などは、間違いはあるが許容できる宗教として、信者がイスラム教の優位性を尊重する限り存在が認められる。しかし、多神教は明確に排撃され、実際にも中東諸国で仏教寺院を建てることはできない。また、イスラム教の信仰を捨てる自由も認められていない。欧州で「少数派の権利を守れ」と主張するイスラム教徒が、イスラム教多数派の社会では「少数派や異教徒は、神が決めた区別を受け入れるのは当然だ」と信じているところに、そもそもの認識のずれがあるという。

「イスラム教は、教義の中に自らの優位性を規定しているという意味で、不平等な宗教です。欧米がイスラム教を自らの価値観と対等だと安易に認めた途端、『イスラム教側が異教に対して優越する』という立場を、知らないままに受け入れることになるのです」

ブルキニ問題についても、単に服装の自由の問題としてとらえるべきではないと、池内はいう。ムスリム女性がブルキニを着ることの背景にあるのは「男性は身内の女性を所有し、保護する義務と同時に監督・支配する権利を持つ」というイスラム社会に根強い発想なのだ。

「イスラム教のもとで、女性と男性は、平等ではありません。そのようなイスラム的な男女関係や家族関係が、ブルキニを着る『自由』を通じて西欧の社会に持ち込まれるのです」

「その点をムスリムに指摘すると『イスラムへの差別だ』と反論します。でも、ムスリムとイスラム教をすり替えてはなりません。近代的な人権規範の下では、人としてのムスリム差別は許されませんが、イスラム教の宗教規範を批判する権利は認められるべきです」

「イスラム教の不平等や不自由な面に、タリク・ラマダンのようなイスラム思想家は言及しようとしません。ムスリムの自由を守るふりをして、自由を放棄させる思想を欧米社会に植え付けようとしている。そう見られても仕方ないでしょう」

つまり、イスラム教は、欧米的な自由を否定する思想を、その内部にはらんでいるのではないか。イスラム主義は、そうした思想を広めようとしているのではないか。

『服従』の時代がやってくる?

フランスに迫り来るイスラム主義の問題は「自由な社会は、自由を否定する思想も受け入れてなお維持できるのか」という普遍的な問いかけを含んでいると、池内は説明する。

ただ、欧州のリベラル派はそのことに気づいていない。自らが奉じる「自由」という言葉が普遍的だと思い込み、西欧思想と同じ意味でイスラム教も自由で平等な思想だと勘違いしている。左派リベラルに位置する人の一部がしばしば「イスラムの権利」を擁護する側に回るのは、そのような意識からだ。

フランス政府は、シラク政権時代の二〇〇三年、イスラム団体や大規模モスクに働きかけて「フランス・イスラム教評議会」(CFCM)を発足させた。その大きな狙いは、ばらばらだったイスラム教関連の組織の窓口を一本化することで政府との関係を深めると同時に、イスラム主義的傾向を持つ「フランス・イスラム組織連合」(UOIF)をそこに参加させることで動きを封じ込めることだった。この評議会は曲がりなりにもその後存続したものの、フランスのイスラム世界は近年さらに複雑化している。UOIFが次第に力を失う一方で、様々なイスラム主義がネットを通じて伝播するようになった。

一方で、イスラム主義に危うさを見た人々は、これまでの政治的な対応を生ぬるいと感じ、敢然と戦う姿勢を求めるようになった。イスラム主義を最大の標的として位置づける右翼「国民戦線」への支持が高まる一つの理由は、そこにある。

これは、フランスで二〇一五年にベストセラーになったミシェル・ウエルベックの近未来小説『服従』に描かれた世界の裏返しではないか。

『服従』は、「穏健派」のイスラム政権が誕生したフランスで、人々が徐々に欧州の理念を捨て、イスラムの思想に服従していく物語である。二〇二二年の大統領選がマリーヌ・ルペンと「イスラム博愛党」候補との間で決選になり、左派や中道の支援を受けたイスラム候補が当選する。イスラム大統領統治下のフランスでは、流れ込んだ膨大なアラブマネーを背景に、社会のイスラム化が急速に進む。家族重視の社会観から家族手当の額が引き上げられ、義務教育は十二歳で打ち止めとなる。一夫多妻制も児童婚も認められる。主人公のフランソワが教授を務めるパリ第三大学は「パリ＝ソルボンヌ・イスラーム大学」に改組され、給与が三倍になる代わりに、イスラム教徒以外は教授になれない。フランソワは大学をいったん去るものの、一夫多妻制の魅力を諭され、イスラム教への改宗を決意する。

ウエルベックが描いた世界は、多くのことを考えさせる。イスラム主義がその立場を主張する中で、欧米がこの長年培ってきたリベラル・デモクラシーは、自らを守り得るだろうか。そもそも、欧州はこの危機を十分認識しているのか。相変わらず悠長な構えで、「イスラム教の言い分も認めたらどうか」などと、他人事のような会話を交わしていないか。

当然ながら、少数者の権利を守ろうとする人権意識、平等感は、フランスを形づくってきた価値観の根本にある。ただ、目の前の具体的な課題を追うあまり、自分たちの価値観そのものを骨抜きにされてしまったら、本末転倒である。

しかし、フランスの政治家たちに危機感は薄い。その実態を次章で追ってみたい。

第三章　デカダンスの十年、迷走の四十年

フランス大統領のイメージを変えたニコラ・サルコジ

民主国家最強の権力を持つ元首

フランスの大統領はかつて、「民主主義国家で最も強大な権力を持つ元首」といわれていた。

フランスは第二次大戦後、第四共和制を敷き、大統領や首相よりも議会に強い権限を付した。その結果短命政権が相次ぎ、アルジェリア独立戦争のような危機にも対応できず、一九五八年にはアルジェリア駐留軍の反乱によって内戦の瀬戸際に追い込まれた。収拾役として担ぎ出されたのが、隠遁生活にあった第二次大戦の英雄シャルル・ドゴールである。ドゴールは、大統領の権限を大幅に強めた現在の第五共和制を発足させ、初代大統領に自ら就任した。

第五共和制の大統領は当初、任期七年で、再選の制限も設けられなかった。副大統領もいない。実務は首相に任せて責任を免れる一方、外交と国防の主導権は握り続ける。議会を解散できるのに、議会から不信任を突きつけられることはない。まるで王様のような地位で、米大統領でさえうらやむといわれた。

その後、二〇〇〇年の憲法改正で任期が五年に短縮され、二〇〇八年の憲法改正では再選も一度だけに制限された。それでも、独裁国家ならいざ知らず、民主国家でこれほど集中した権力を持つ例は多くない。

第五共和制では、初代ドゴールの後、後継者の第二代ジョルジュ・ポンピドゥーが任期中に急死し、一九七四年には中道の第三代ヴァレリー・ジスカール＝デスタンが就任した。すでに欧州は安定と低成長の時代に入り、大統領の超然性も時代に合わなくなってきた。国家の存立を熱く語るより、個々の政策課題に巧みに対応する「エキスパート」が求められる。ジスカール＝デスタンは、そのような時代ならではの、官僚肌でやや軽量級の人物だった。

ジスカール＝デスタンの時代は、フランスが「奇跡の三十年」と呼ばれた戦後の復興期を終え、石油危機と失業率増加に苦しむようになった時期と重なる。この間に社会に蓄積された不安や不満は、一九八一年に社会党のミッテラン政権を誕生させる。

初めて左派出身で第五共和制大統領となった第四代フランソワ・ミッテランと、これに続く右派の第五代ジャック・シラクには、大統領にまだ多少なりとも「オム・デタ」（国父）の風格が漂っていた。特にシラクは、政権二期目の二〇〇三年に起きたイラク戦争の際、イラク攻撃に走ろうとする米ブッシュ政権に敢然と立ち向かい、「国父の名に恥じない態度」として称賛された。

国家元首のイメージを大きく変えたのは、第六代ニコラ・サルコジである。

前任のシラクは二期目の任期の終盤、衰退ぶりが目立っていた。もともとシラクの子飼いだった右派のサルコジは、師を裏切る形で「シラク時代との決別」を前面に掲げ、社会党のセゴレーヌ・ロワイヤルを破って大統領に就任した。彼は、ハンガリーから亡命した地方貴族の息子であり、フランス国内に血縁も地盤もない。フランスで大物政治家になるための条件と思われてきた「地方の有力家庭かパリのブルジョア家庭出身者」にも当てはまらない。エリート校も出ておらず、ドゴール派の政党の一党員の立場からのし上がってきた人物だった。若々しく活動的なサルコジの台頭は、時代の変化を市民に感じさせた。

サルコジの口からは、世界の将来を見据えた理念など聞こえてこない。政策通の彼は取り組むべき課題を列挙し、「仕事をする大統領」として自らを売り込んだ。

もっとも、新しかったのは見た目だけである。政権の五年間、サルコジはパフォーマンスと私生活の誇示に明け暮れることとなった。

ブリン・ブリン大統領

フランス語では、これ見よがしに自分を売り込む姿を「ブリン・ブリン」と表現する。元はラップ音楽の世界から来た俗語だといわれ、日本語だと「ギラギラ」とか「金ぴか」とかに似た言葉だろう。その振る舞いからサルコジにつけられたあだ名が「ブリン・ブリン大統領」だった。

兆候は、すでに大統領当選を決めた夜からうかがえた。支持者の歓声の前に登場したのも束の間、彼は妻セシリアの用意したパーティーに閉じこもった。シャンゼリゼ街近くの最高級ホテル「フーケッツ・バリエール」のサロンを借り切った祝宴で、財界人や芸能人らセレブばかりを集めていた。翌日、彼は唐突に休養を宣言し、行方をくらませた。地中海のヨットの上で優雅にクルーズを楽しんでいるとわかったのは、その日の夕方である。費用は友人の実業家の負担だと判明し、「癒着だ」「最初から何をやっているのか」と批判が渦巻いたが、本人は平気だった。

自らが成功者であることを隠さず、むしろ誇示する。その成金趣味は、米国大統領トランプの態度に相通ずるものがある。

私生活を表に出すことでメディアを左右する姿勢も、サルコジには明白だった。サルコジは就任後半年で妻セシリアと離婚したが、その公表を年金改革反対の大規模デモの日にぶつけてきた。おかげで、デモはニュースから吹き飛んでしまった。さらに、サルコジは離婚から三ヵ月あまりでトップモデルのカーラ・ブルーニと再婚したが、これもメディアを大いに賑わせた。

軽快さと若々しさを演出する一方で、政敵を排除する工作は周到で、徹底していた。自らがばりばりの右派にもかかわらず、社会党や中道政党の有力政治家を次々と閣僚に一本釣りした。その戦略はまんまと成功し、野党は大いに動揺した。労組のトップを懐柔し、フランス名物のストも封じた。新聞やテレビの経営者と親交を結び、腹心を幹部に送り込んでメディア支配を固めたのも、彼の巧みさである。市民に直接訴えかけるポピュリズム的手法を多分に採り入れ、人気を呼び起こそうとも狙った。

しかし、派手なパフォーマンスを繰り広げるサルコジの戦略は、政権発足から半年ほど大衆に面白がられただけだった。すぐに飽きられ、支持率は二度と回復しなかった。

DSKの耐えられない軽さ

左派のミッテラン、右派のシラクが大統領を務めて以来、フランスでは左の社会党、右のドゴール派による一種の二大政党制が定着していた。サルコジの人気が低迷する中で、左派の間では「次は社会党から大統領を出せるのでは」との期待が高まった。

最有力候補は、ドミニク・ストロス゠カーンだった。

その頭文字を取ってDSK（デー・エス・カー）と呼ばれるストロス゠カーンの、政治家としての輝かしい実績を疑う人はいない。一九九七年にジョスパン首相の下で財務相に就任し、大胆な民営化や規制緩和を推し進めた。二年間の財務相在任中、フランス経済は概《おおむ》ね好調に推移し、失業率も飛躍的に改善したことが、財界からの絶大なる信頼につながった。二

○○七年の大統領選では社会党の予備選でセゴレーヌ・ロワイヤルに敗れて立候補できなかったが、国際通貨基金（IMF）のトップにあたる専務理事にその年就任し、金融危機の対応に手腕を発揮してさらに評価を高めていた。数字に強く、経済に明るい政策通で、サルコジに支持率で数ポイントの差をつけていた。

IMF専務理事就任は、サルコジの推薦によるものだった。サルコジとしては、ライバルを国際機関に送り込んで棚上げしたつもりだっただろう。もっとも、ストロス＝カーン本人はいつでも帰国できる態勢を整えていた。

ところが、彼が二〇一一年五月、突然逮捕されたのである。しかも、「強姦未遂」容疑だった。

米仏の報道によると、ニューヨークの高級ホテルのスイートルームに滞在していたストロス＝カーンは、掃除のために入ってきた客室係の女性に背後から裸で近づき、ベッドに押し倒した。女性は逃げ出し、被害を告げられたホテルが警察を呼んだ。いち早くチェックアウトしたストロス＝カーンは、パリに向けて離陸する直前のエールフランス機内で拘束された。まるで安物の刑事ドラマの筋書きである。

本人は容疑を否認したものの、専務理事の辞任に追い込まれ、強姦未遂、監禁などの罪で起訴された。

状況だけ見ると「青天の霹靂《へきれき》」だった。一方で「やっぱり」と思った人も少なくない。彼のどうしようもない女癖の悪さを知らない人はいなかった。ジャーナリストや部下の女性に襲いかかるなど、事件になりかけたスキャンダルは数知れない。夫婦交換のパーティーに出ていたと暴露されたこともある。「いつかは足をすくわれるだろう」との認識は、母国の記者たちの間でも共有されていた。『ルモンド』紙によると、友人たちはミラン・クンデラの小説のタイトルを引用して、彼を「存在の耐えられない軽さ」と呼んでいた。

サルコジの身勝手さ、ストロス＝カーンの放蕩ぶりは、政治家がいかに退廃しているか、いかにデカダンスにどっぷりつかっているかを如実に示した。政治家への市民の不信感はますます強まる。こんな行状から縁遠い指導者はいないものか。

そのような有権者の意識が、見栄えのぱっとしない、まじめで地味な社会党のフランソワ・オランドを押し上げた。彼は「普通の大統領」をスローガンに掲げて二〇一二年の大統領選を勝ち抜き、第七代大統領に就任した。

穏やかな調整型大統領

サルコジやストロス＝カーンは「俺が、俺が」の性格で、野心を周囲に発散させている。それに比べ、穏やかな調整型のオランドは正反対だと、人々の目に映った。

ルーアンの医者の家庭に生まれたオランドは、パリ政治学院、ＨＥＣ経営大学院を経て国立行政学院（ＥＮＡ）に入り、後にシラク政権で外相や首相を務めるドミニク・ドヴィルパンらと同期になった。一九八〇年のＥＮＡ修了時の席次は八番で、エリート中のエリートばかりが集まる会計検査院に勤めた。翌年、ミッテランの大統領就任に伴い、経済問題の非公式補佐官としてエリゼ宮に引き抜かれた。

時を同じくして、青少年問題担当の補佐官としてエリゼ宮に入ったのが、ＥＮＡの同級生セゴレーヌ・ロワイヤルである。二人はそのころから事実婚生活を始め、以後四人の子どもに恵まれた。政界ではおしどり夫婦として知られた。

ロワイヤルは美人の誉《ほま》れ高く、はっきりとした物言いと堂々たる態度で、大衆の人気を集めた。一九九二年、ロワイヤルは夫を差し置いて、ベレゴボワ内閣の環境相に任命された。以後も閣僚経験を積み、カリスマ性を備えた政治家に成長した。

一方、オランドは華やかな立場を好まず、裏方に徹した。党第一書記（党首）ジョスパンの側近となり、一九九七年のジョスパンの首相就任と同時に党首を任された。オランドは以後、十一年間にわたってその地位にとどまり、党内で信頼を得ながらも、閣僚を一度も経験しなかった。

二〇〇二年の大統領選でジョスパンが敗れた後、ロワイヤルは〇七年の大統領選への意欲を見せた。華やかな妻と地道な夫の連係プレーだろうと周囲は期待したが、実際にはそのころ、夫婦仲はすでに修復不可能となっていた。ロワイヤルの立候補は、一説には不倫に熱を上げるオランドへの当てつけからだったという。正式に大統領候補となったロワイヤルの周辺と、オランドが束ねる社会党とは激しく対立し、そのあげく、大統領選はサルコジの圧勝に終わった。大統領選後間もなく、オランドとロワイヤルは離別を公表した。

オランドがロワイヤルの影を払拭したのは、二〇〇八年に党首を退いた後である。『パリマッチ』誌政治記者のヴァレリー・トリヤーヴェイラーを生活の新たなパートナーとしつつ、肉体と根性の改造に取り組んだ。「プリン」とあだ名されたソフトなイメージを捨て去り、十五キロのダイエットを敢行し、決断力に満ちた闘士へと人物像の転換を図って大統領の座を手にした。

しかし、オランドの下でデカダンス政治は収まるどころか、逆に増幅した。

ツイッターゲート

ずんぐりむっくりの体型で三枚目の風貌のオランドだが、社会党内では恋多き男として有名だった。

一方、政治記者として社会党を担当していたヴァレリーは、評判の美人として知られていた。ミニスカート、ハイヒール姿で国民議会を闊歩する彼女を、多くの政治家が鼻の下を長くして眺めていた。その一人がオランドだったのは言うまでもない。二〇〇一年ごろには、二人の関係についてすでに噂が持ち上がっていた。

週刊誌記者シルヴァン・クーラージュがセゴレーヌ・ロワイヤルを描いてベストセラーになった『元カノ』(L'Ex)というノンフィクションによると、ロワイヤルは二〇〇三年、国民議会の執務室にヴァレリーを呼び込んで関係を問いただした。「あなたには三人、私には四人の子どもがいる。十分注意した方がいい」と告げたという。

折しも、政治家としてのロワイヤルの評価が急速に高まりつつあった。おしどり夫婦を演じていたオランドとロワイヤルの関係は、政治上のライバルへと変容した。オランドの心に焦りと寂寥《せきりょう》感が漂い、それが彼を他の女性に向かわせたと、容易に想像できる。もっとも、最初にオランドの浮気があって、当てつけとしてロワイヤルが自立への道に突き進んだ、との解釈もあるようだ。多くの証言が一致するのは、オランドが新恋人にうつつを抜かしていたのに対し、ロワイヤルの方は必死になって夫婦関係の修復を試みた、ということだ。

ロワイヤルは『パリマッチ』誌に圧力をかけ、あの手この手でヴァレリーを社会党担当から外そうとした。ヴァレリーの夫にも介入を求めた。これに、ヴァレリーが恨みを抱いたといわれる。オランドと一緒になったヴァレリーの復讐が始まるのは、二〇一二年に自らが晴れて「大統領夫人」となってからである。

ヴァレリーはまず、オランドの閣僚人事に介入し、ロワイヤルに近い政治家を徹底的に放逐した。大統領選を記録した写真集からも、ロワイヤルの写真を排除した。さらに、ロワイヤル自身の失脚を執拗《しつよう》に狙っていて起きたのが「ツイッターゲート」事件である。

大統領選直後の総選挙で、ロワイヤルは中西部ラロッシェルの選挙区から立候補していた。当選したら国民議会議長の座が約束されていたという。仮にも前大統領候補であり、オランドとしても彼女を落選させるわけにはいかない。党を挙げて支援に乗り出していた。

しかし、元妻を支えようとするオランドの態度を、ヴァレリーは許せなかったようだ。ロワイヤルの選挙区からは、ヴァレリーがかねて親しくしていたオリヴィエ・ファロルニという男が、社会党の公認を得られないまま立候補していた。ヴァレリーは選挙戦のさなか、ツイッターで「頑張れ、オリヴィエ・ファロルニ」とつぶやいた。

「大統領夫人」の地位に法律上の規定はないが、公式には政治に介入しない立場だと見なされている。にもかかわらず彼女がやったのは、選挙で特定の候補を応援することである。ましてやその対象が、与党候補と対立する人物なのだ。一時間と経たないうちにＡＦＰ通信がこれに気づき、速報を流した。

エリゼ宮は大混乱に陥った。サルコジに比べ新大統領がいかに真っ当かをアピールしようと狙っていたら、パートナーが全部ぶち壊したのである。

総選挙では結局、ツイートの後押しを受けたファロルニが当選し、ロワイヤルは落選してしまった。この出来事は「ツイッターゲート事件」「ツイットヴェイラー事件」などと呼ばれ、長く人々の話題に上った。

大統領の秘められた愛

メディアは、総じてヴァレリーに批判的だった。「ツイッターゲート」についても、ロワイヤルに対する私的感情と政治を混同した行為、と受け止めた。世論でもヴァレリーへの支持や同情はほとんどなく、世論調査で七割近くがヴァレリーに対して「不快に感じる」と答えた。大統領を支えるどころか、完全に政権のイメージ戦略のお荷物である。大統領もさすがに愕然としたようだ。以後、二人の関係は冷え冷えとしたという。

何より、このスキャンダルは国民をすっかりあきれさせた。発足間もないオランド政権がどんな政策を打ち出すかと期待していたら、出てきたのがパートナーと元妻との痴話げんかなのである。

「何だ、サルコジと同じデカダンスではないか」

そんな失望感に拍車をかけたのが、一年半後に起きた大統領逢い引き事件だった。

オランドがエリゼ宮を抜け出し、愛人と密会を重ねていたと、二〇一四年の正月早々に写真週刊誌『クローゼル』が報じた。冷めたとはいえ、オランドはまだヴァレリーをファーストレディーとして公務に同行させていた。だから、これは立派な浮気である。

お相手は、この時四十一歳の女優ジュリー・ガイエだった。「大統領の秘められた愛」と題したその記事は、「元日に近いある日、大統領はヘルメットをかぶり、スクーターに乗って女優の仮住まいに合流した。大統領はそこで夜を過ごすのが習慣となっている」と報じていた。『クローゼル』誌は、ヘルメット姿の大統領の写真も掲載した。逢い引きの場には警護が一人ついているだけだった。

オランドとジュリーとの関係はその前から番記者らの間で噂になっていた。やっぱりと思った人は多いようだ。発売の朝、エリゼ宮は「プライバシーを深く傷つける行為だ」とのコメントを発表したものの、報道自体は否定しなかった。

ジュリー・ガイエは、日本での知名度こそさほど高くないが、フランス映画界では有名人である。出演作はそのころまでで七十本に及び、派手さに欠けるものの玄人受けする女優として確固たる地位を築いていた。視覚障害者、娼婦、同性愛者といった難しい役をこなし、監督の間での評価は非常に高かった。社会党支持者として知られ、大統領選ではオランド陣営に加わり、政治家オランドへの惚れ込みぶりを隠さなかった。

大統領が訪ねた住まいは、シルク街二十番地にあった。何のことはない、エリゼ宮から一ブロックしか離れていない目と鼻の先である。ただし、この建物はエリゼ宮から一方通行の上流にあたり、スクーターで行こうとするとぐるっと大回りする必要がある。転んだらどうするのか。あきれた危機管理である。

ジュリー・ガイエを新たな恋人としたオランドは、間もなくヴァレリーと別れた。ヴァレリーはエリゼ宮を去った。その途端、それまで散々虐げられてきたロワイヤルが閣内に復帰し、環境相に就任した。ばかばかしいほどわかりやすい構図だった。

繰り返される「最初だけ人気」

かつて、フランスの政治家は私生活を問われないのが一般的だった。過去の例では、ミッテランが大統領時代、記者会見で隠し子の存在を指摘されて「うん」と認めたうえで「で、それで」と返したのが有名だ。次の大統領シラクも浮気を重ね、夫人が自伝で「恨みを抱かざるを得ないような難しい時期もありました」と不平を漏らしたほどだが、騒ぎにはならなかった。

それが変わったのは、自ら私生活を売り込んで注目を集めようとしたサルコジからである。夫人セシリアとの離婚も、カーラ・ブルーニとの再婚も、メディアを独占した。以後、フランスの政治家にプライバシーはなくなった。オランドの場合も、政策はほとんど関心を呼ばず、その私生活ばかりが注目を集めた。

別の見方をすれば、今のフランス政治にはその程度のニュースしかない、ということなのだろう。政治が何もしなくても、政治家がいなくても、社会は動き、人々は暮らしていける。平和な時代。それが先進国というものだ。安定社会の中で、政治家はパフォーマンスとスキャンダルで市民を楽しませる芸人となった。

ブームに支えられた芸人の寿命は短い。同様に、大統領の賞味期限も短くなった。せいぜい半年である。その実態は、世論調査の支持率に歴然と表れている。

大手調査機関「TNS」によると、サルコジは就任当初、六割を超える高支持率を誇っていた。硬直化が目立ったシラク政権からの「決別」をスローガンに掲げ、社会制度改革と競争原理の導入をうたったことが期待を呼んだ。しかし、その年の十月以降五七%、五三%、四九%と月を追うごとに支持率を下げた。以後二年間概ね三〇%台を行き来し、二〇〇九年四月以降は二〇%台に低迷したまま回復しなかった。

後任のオランドも、状況は同じである。就任間もない二〇一二年六月には五五%あったものの、十月には四一%、十一月には三六%に低下し、以後低迷し続けた。

ただ、これを二人の能力不足、軽さ、下半身のだらしなさだけに帰するわけにもいかない。サルコジ以前のシラクやミッテランにも、実は同様の傾向がうかがえるからだ。彼らもそろって、就任半年前後で支持率を落としている。四人の支持率をグラフにしてみるとよくわかるが、下降の具合がかなり重なっている。「大統領の人気は最初の半年だけ」との傾向は、一九八〇年代からフランスに定着している。

サルコジの前任シラクの場合、一九九五年の就任直後の六月、七月には六割を超える支持を受けていた。しかし、同じ年の秋に早くも急落し、十一月には三七％となった。以後、人気が回復しないまま、二年にわたって三〇％台から四〇％台を行き来した。シラクは就任間もない九五年九月、各国の反対を押し切って核実験を実施し、十一月には社会保障制度改革を強行しようとして三週間にわたる全国ストを招いた。当時は、これらの失政が支持率低下に結びついたと解釈された。

その前のミッテランの場合、就任当初の一九八一年七月までは七〇％を超える高支持率を維持していたが、九月に六〇％台まで下落。以後も一進一退を繰り返しながら徐々に下げ、八三年にはついに三〇％台まで落ち込んだ。以後、四〇％台から三〇％台を行き来した。

理念もスタイルも異なるはずの四大統領が、あたかも示し合わせたかのように支持率を落とす。ここから、「誰が大統領になっても結局飽きられる」との仮説が生まれる。毎回、新大統領が誕生すると、市民はその手腕に期待する。しかし、トップが交代したからといっても社会制度や官僚組織はそのままだから、何かが劇的に変化するわけでもない。何ヵ月かが過ぎると期待感が失望感に変化し、一様に支持率は落ちる。

サルコジの場合、政権を去った後の各種世論調査結果が、この仮説を間接的に裏付ける。例えば、大手調査機関「Ｉｆｏｐ」がサルコジ敗北六ヵ月後の二〇一二年十月に実施した世論調査で「次の日曜に大統領選があったら誰に投票するか」と尋ねたところ、サルコジが二九・五％を獲得し、現職大統領オランドの二八％を上回ってトップに立ってしまった。その理由は、大統領を退任して批判を受けることがなくなったから、と推測できる。

毎度毎度、市民は新しい大統領に期待し、すぐに飽きる。そこに見えるのは、有権者と政治家との間で、いつまで経っても交わらないむなしい平行線である。

これは、個々の大統領の資質よりもっと構造的な問題ではないだろうか。政治そのもの、選挙そのものが硬直化し、無力化しているのではないか。

再選の秘訣、コアビタシオン

政治の行き詰まりぶりをうかがわせるもう一つのデータがある。国政レベルの選挙結果を振り返ると、大統領選直後に実施される総選挙を除いて、毎回のように現職が否定され、異なる政治的傾向を持つ人物や党派に交代しているのである。

▼一九八一年大統領選　中道大統領（ジスカール＝デスタン）から左派大統領（ミッテラン）へ
▼一九八六年総選挙　左派大統領（ミッテラン）から右派内閣（シラク）へ
▼一九八八年大統領選　右派内閣（シラク）から左派大統領（ミッテラン）へ
▼一九九三年総選挙　左派大統領（ミッテラン）から中道右派内閣（バラデュール）へ
▼一九九五年大統領選　中道右派内閣（バラデュール）から右派大統領（シラク）へ
▼一九九七年総選挙　右派大統領（シラク）から左派内閣（ジョスパン）へ
▼二〇〇二年大統領選　左派内閣（ジョスパン）から右派大統領（シラク）へ
▼二〇〇七年大統領選　右派大統領（シラク）から右派大統領（サルコジ）へ
▼二〇一二年大統領選　右派大統領（サルコジ）から左派大統領（オランド）へ

多くの場合、左右の対立軸に沿って政権が交代している。一九九五年と二〇〇七年の大統領選は右派から右派への交代だが、一九九五年の場合は右派が分裂してバラデュールとシラクが激しく争った結果であり、二〇〇七年の勝者サルコジはシラク政治との「決別」を掲げていた。いずれも、同じ右派とはいえ違いを前面に出した候補が勝利を収めた。

こう見ると、ミッテランとシラクが大統領再選を果たし、サルコジとオランドが果たせなかった理由も浮かび上がってくる。

ミッテラン、シラク、サルコジ、オランドの支持率の推移を再度比較すると、シラクの支持率だけが就任後二年を境に、やや回復傾向を見せている。ミッテラン、サルコジ、オランドにはそのような傾向がうかがえない。

この理由は、容易に想像できる。一九九七年六月の総選挙で左派が勝利した結果、社会党のジョスパンが首相に就任し、右派のシラクとの間で保革共存政権（コアビタシオン）が始まった。シラクは実権を失った。その途端、シラクの支持率は上昇を始めたのである。

コアビタシオンは、かつて大統領任期が七年で国民議会（下院）の任期が五年といううずれのせいで生まれていた。新大統領は就任すると、国民議会を解散する。その直後の総選挙では、新政権への期待から、与党が勝利する。しかし、国民議会の任期の五年が経つと、政権への期待感が薄れ、野党が勝利する。その結果、大統領任期最後の二年間はコアビタシオンとなる。これが、ミッテラン政権の二期で繰り返されたパターンだった。

しかし、シラクの場合、就任時に与党の右派が議会で多数を占めていたことから総選挙に挑まず、就任から二年を経たところで解散に踏み切った。結果は全く裏目に出て、選挙で右派は敗北した。以後、シラクは五年にわたってコアビタシオンを余儀なくされた。

もっとも、こうして実権が首相と左派内閣に移ったことによって、二〇〇二年大統領選でシラクは現職批判を免れた。つまり、ミッテランとシラクは二人とも、任期途中での総選挙によって死に体となった結果、再選の際に批判の矢面に立たずに済んだのである。

二〇〇〇年にシラクが国民投票を実施し、憲法を改正して大統領任期を五年に短縮したことから、コアビタシオンの可能性はほとんどなくなった。サルコジは、任期五年になって当選を果たした大統領であり、任期中に総選挙の洗礼を受ける必要がない大統領である。その結果、彼は党派の異なるコアビタシオン内閣に責任を転嫁することができなくなり、現状に対する市民の不満を一身に背負うはめになった。

オランドも同じ道を歩んだ。就任一年半ごろからは概ね二〇％前後の低支持率が定着していた。大統領選まで半年足らずと迫った二〇一六年十一月、支持率は一一％にまで落ち込み、不支持が八七％を占めた。その翌月、彼はとうとう、立候補を断念した。オランドは第五共和制で初めて、再選に挑もうとしない大統領となったのである。

第四章　先細りする外交大国

砲撃で破壊されたウクライナ東部ドネツクの博物館施設

「ドネツク人民共和国」にて

古代中世の栄枯盛衰は言うに及ばず、「消え去った国家」は現代世界でも珍しくない。歴史の流れに呑み込まれた南ベトナムやソ連から、いったん独立をうたったものの長続きしなかったビアフラ共和国（ナイジェリア）やクライナ・セルビア人共和国（クロアチア）まで、数え切れない。

ウクライナ東部の「ドネツク人民共和国」もたぶん、そのような国の一つとなるだろう。二〇一四年にウクライナで起きた政変に乗じて、ウクライナ南東部のクリミア半島を併合したロシアは、さらに東部ドネツク、ルガンスク両州の紛争に介入した。地元の親ロ派は、ロシアの支援を当てにして「ドネツク人民共和国」「ルガンスク人民共和国」の独立を宣言した。もっとも、いずれも国家の体《てい》をなすにはほど遠く、独立を認めないウクライナ本国との間で紛争が長期化していた。

そのドネツクを訪れたのは、二〇一五年五月のことである。防弾チョッキとヘルメットの装備を物々しくも用意し、ウクライナ政府側の複雑な入域手続きを経て、幾度もの検問を通った末にたどり着いた。

「ドネツク人民共和国政府庁舎」を訪れ、記者証を交付してもらう。「政府庁舎」というものの、実態は紛争前のドネツク市役所である。庁舎の屋上にロシアの国旗がはためく。

地元の元英語教師の青年をガイドに雇い、前線を見に行った。

北郊のドネツク国際空港周辺では、戦況が膠着《こうちゃく》化した後も、戦略的に重要な空港の制圧を巡って双方が砲撃を繰り返していた。施設はすでに廃墟と化し、奪っても使えない。それでも砲撃は続く。空港自体に入り込むと大変なことになるが、「数キロ程度までなら近づけそうだ」と運転手がいう。

ドネツク中心部からまっすぐ北に延びるキエフ街を車で進む。途中まではドネツク市街の延長で、普通の住宅街だ。ところが、ふと気づくと、周囲から人影が消えている。街路にも、いつの間にか一台も車が走っていない。道路脇のアパートの壁には弾痕が残り、一部が崩れている。

「この周りはゴーストタウンです。砲撃が続いて、みんな逃げ出してしまいました」とガイドが説明する。

つまり、一見連続している街並みのどこかに、普通の市民生活が営まれる街角と戦場との境界線が引かれている。その向こうは、市民が足を踏み入れてはならない区域なのだ。しかし、境目を見極めるのは難しい。つい数ヵ月前まで、そこは途切れることのない連続した街だった。人の温もりは、ゴーストタウンとなった地域にもまだ漂っている。

無人の街路の正面に、鉄道を越える高架橋が見えてきた。橋を渡るとドネック国際空港で、そこはすでに最前線である。周囲には、音のない世界が広がっている。動いているのは、風にそよぐ街路樹だけだ。

そろそろ引き返した方がいいだろう。そう思った時だった。横道から、銃を構えた数人の兵士がいきなり飛び出してきた。車を取り囲む。

「なぜこんなところまで入り込んだのか。お前たちはスパイか！」

窓の外から銃を突きつけつつ、兵士の一人が怒鳴る。運転手とガイドが口を合わせ、慌てて否定する。

「ニエット！　ニエット！　ニエット！　ニエット！」

ガイドによると、そのロシア語のアクセントから、彼らはロシア軍の兵士であるのが明らかだ。それが幸いだった。訓練の行き届いていない地元「ドネック人民共和国」の兵士はパニックに陥りやすく、行動が読めないという。

スパイ嫌疑が晴れて、私たちは解放された。兵士が諭す。「あと一ブロックは進んでも構わないが、その先は戦闘が続いているから、やめた方がいい」

もはや人影一つない。と思ったら、無人のはずのアパートの陰で老人が一人、ごみをあさっていた。「みんな逃げたのに、彼はかわいそうに行く場所がないのだろう」とガイドがいう。話を聴こうと思ったが、うっかり車外に出るとどこから撃たれるかわからない。緊張感をしっかり味わって、私たちは引き返した。

複合危機としてのウクライナ

夜、ドネツク中心部のホテルにいると、窓の外でボンという音が数回響いた。砲撃音だ。かなり近い。ぎょっとして身構える。

六分後、またボンボンボンと三回砲撃音が聞こえた。再び身構えるものの、どこにも逃げ場はない。しばらくするとまた音が続く。結局いつまでも音が止まらず、数えるのをやめた。連日こんな感じで砲撃が続いているのだろう。みんな慣れっこになって、驚く様子もない。

花火大会の真下にいるかのような気分で、いつの間にか寝入った。後日、ドネツクで活動する欧州安全保障協力機構（ＯＳＣＥ）の停戦監視団報告を見たら、この日の日中四時間半だけで百二十五発の砲撃が記録されていた。

ウクライナでの出来事は、日本から見ると遠い。フランスでも、市民が強い関心を抱いているとは言い難い。しかし、この紛争が「難民危機」「ギリシャの債務問題」「テロ」「英国のＥＵ離脱決定」と並び、欧州に重大な影響を及ぼす危機だと受け止められているのには、理由がある。

一つは、一連の出来事が国際秩序を大きく損ないつつあるからだ。国同士の関係で大きくモノを言うのは力だが、パワーだけで世界が動いているわけでもない。国際法に基づく秩序が確立されているからこそ、小さな国もそれなりに存在感を示し、大国と共存することができる。それによって、世界は安定と繁栄を享受してきた。それはまた、国際法を整備してきた欧州が影響力を世界に保つことにもつながっていた。ロシアによるクリミア半島併合と東部ウクライナの紛争への介入は、こうした秩序に対するあからさまな挑戦だった。

また、この危機によって、ウクライナやロシアを含む旧ソ連の民主化の試みは大きく後退しかねなかった。一九八九年の「ベルリンの壁」崩壊後、旧社会主義圏に民主主義と人権を定着させ、市民社会の育成を図る試みは、体制転換を促した欧米の使命と受け止められた。その取り組みは、一定の成果を上げてきた。旧東欧やバルト三国では、曲がりなりにも民主的な選挙が実現し、市民団体も成長した。旧ソ連でも、二〇〇三年のグルジア（ジョージア）「バラ革命」、〇四年のウクライナ「オレンジ革命」などと続く民主化運動「色の革命」が起き、独裁体制が次々に倒れた。ウクライナで一四年に起きた「マイダン革命」も、同じ文脈でとらえられる。ロシアのプーチン政権が試みたのは、こうした流れへの反撃だった。

天然資源や農産物が豊富なロシアやウクライナは、欧州にとって重要な交易相手でもある。ウクライナの紛争は、冷戦終結後に連携を深めてきたこの地域と欧州各国との関係をより複雑にした。また、ウクライナの不安定化は、他の旧ソ連諸国の安定にも影響しかねず、地理的に近い欧州各国への影響も懸念された。

一九九一年にソ連が崩壊して後、ロシアはエリツィン政権下で十年近く苦難を味わった。二〇〇〇年にプーチンが政権を引き継ぎ、次第に国力を回復したのは周知の通りである。中国やインドなど新興国の成長に伴ってエネルギー需要が高まると同時に、石油や天然ガスの豊富な埋蔵量を誇るロシアは、エネルギー大国として発言力を高めた。そのような時に起きたウクライナ危機だった。

影響は、ロシアとの提携を強めようとしていたフランスにも及んだ。その典型例が「ミストラル」騒動である。

ミストラル騒動

ミストラルは、フランスが二〇〇六年に就役させた自国初の強襲揚陸艦である。満載排水量二万二千トン近く、甲板は全長百九十九メートル、幅が三十二メートルあり、六ヵ所のヘリコプター発着スポットが設けられている。乗員は百六十人で、これとは別に四百五十人の揚陸部隊と装甲車両六十両を載せる。ヘリコプター十六機や揚陸艇四隻を使い、空海一体となった上陸作戦を敢行できる。

この種の強襲揚陸艦は「ヘリコプター空母」とも呼ばれ、米国が先行して配備を続けてきた。単に部隊を上陸させるだけなら揚陸艇を搭載するだけで十分だが、ヘリコプターを使うことによって、様々な地点から部隊を同時に上陸させることができ、作戦の幅が広がる。第二次世界大戦後、核戦争を想定した作戦が練られるようになり、機動性に富んだ輸送船が求められたのが開発のきっかけだったという。

ミストラルが持つのは、上陸部隊の輸送能力にとどまらない。内部には六十九床の病室を備えた病院機能があり、上陸作戦の本部としての機能を担う軍艦である。

フランスは、ミストラル級強襲揚陸艦二隻をロシアに売却しようと試みた。

ロシアが購入を計画したのは、二〇〇八年八月の「グルジア紛争」がきっかけだった。ロシアの南隣に位置するグルジアは、ロシアの後押しで独立を掲げる非承認国家「南オセチア」と「アブハジア」を国内に抱えている。この両地域に駐留するロシア部隊とグルジア軍が衝突したのである。

ロシアは圧勝したものの、格下のグルジア相手に意外にてこずった。機動力向上が課題となった中で、フランスのミストラル級強襲揚陸艦は魅力的に映った。二十六時間かかったロシア海軍の部隊展開が四十分で可能になるといわれた。

ロシアのこのような意識は、フランス側にとってもまたとないチャンスだった。強襲揚陸艦建造は、中西部サンナゼールの旧海軍造船所をはじめ、傾きかけたフランスの軍需産業を起死回生させるプロジェクトだったからだ。加えて、当時の大統領サルコジはロシアとの協調ぶりを演出することに積極的で、強襲揚陸艦の契約をその象徴と見なした。両国の間で、二〇一一年に契約が成立した。二隻をサンナゼールのドックで建造して引き渡したうえで、フランスの技術協力に基づいてさらに二隻をロシアで建造する計画だった。最初の二隻の契約額は約十二億ユーロ（当時約千七百億円）に及んだ。

北大西洋条約機構（NATO）加盟国からロシアに対する軍艦レベルの売却は、それまで例がなかった。ただ、当時はロシアの脅威を叫ぶ声が少なく、むしろロシアと欧州各国は手を携えるべき関係だと受け止められていた。後で考えると、グルジア紛争を引き起こした時点で欧州はロシアの本性に気づいておくべきだったのだが。

二〇一四年二月にウクライナの政変「マイダン革命」が起き、三月にはクリミア半島をロシアが併合した。米国やEUは、ロシアに対する制裁を強めた。そこで、フランスとロシアの契約が問題視された。特に、ロシアへの警戒感を隠さない旧東欧やバルト三国が強く反発した。米国も見直しを求めた。

特に我慢がならなかったのは、紛争当事者のウクライナだろう。道義的に許されないだけではない。軍事的にも、ロシアがその船をクリミア半島セバストポリ軍港に配備し、ウクライナ沿岸をさらに脅かす可能性も考えられた。大統領のポロシェンコは欧州議会議員団との会談で、フランスの態度を「失望した。カネや産業、雇用の問題ではなく、価値観の問題だ」と批判した。

揺さぶられるフランス

風当たりが強まった後も、フランスは売却を中止しようとしなかった。

第一の理由は、一隻分の契約金がすでに支払われていたからである。引き渡しをしないなら、フランスには契約金を払い戻すだけでなく、違約金を支払う義務も生じる。

強襲揚陸艦の建造は雇用問題にも大きくかかわっていた。この建造に伴い、四年間にわたって約千人が雇われ、下請けを含めるとさらに多くの雇用が関係するといわれた。

また、いったん受けた契約の破棄は、兵器市場でのフランスの信頼にも影響する。フランスの兵器売買の相手には、怪しげな国が少なくない。これらの国にとって重要なのは、独裁であろうと人権侵害があろうと、つべこべ言うことなくしっかり兵器を売ってくれることだ。「ロシアがクリミア半島を侵略しようがしまいが、売ると決めた武器は売る」という「信頼感」を兵器市場で確立することは、フランスにとって極めて大事なはずだった。

もっとも、大統領のオランドは、本音だと売りたくなかったかもしれない。契約は、財閥や軍需産業にべったりのサルコジが結んだものである。その尻ぬぐいをどうして自分がしなくてはならないのか。しかし、やめようにもやめられない。オランドは、非難を一手に引き受ける損な役回りを担わされた。

ミストラル問題は、日本とも関係していた。ロシアが購入する一隻目の強襲揚陸艦は「ウラジオストク」と名付けられており、ロシアはこれを、日本海に面したウラジオストクの太平洋艦隊に配備しようとしていた。対中国を視野に入れてのことだといわれたが、北方領土防衛の意図も感じられた。日本にとって脅威となりかねない状況である。

この件について日本政府に弁明しようとしたのだろう。フランスの国防相ジャン＝イヴ・ルドリアンが二〇一四年七月に来日した。フランス大使公邸で開かれた懇談の場で、私は国防相と会った。

「ウラジオストクという名がつくことから、皆さんが懸念を抱くのも理解します」

ルドリアンはそう語りつつ、ミストラル級がいかに低性能かの説明に躍起となった。

「この強襲揚陸艦はもともと、民間利用船としてつくられたものです。軍事用の装備品もほとんどない。司令塔機能と輸送船機能を持つだけで、単独の行動はできないのです」

確かに、ミストラルの船体構造には商船規格が採用されている。建造費節減のためだといわれ、速力も十九ノットにとどまる。ただ、規模や形状から、ミストラルが軍艦であるのは明らかだ。私は、サンナゼールの港で完成したばかりの実物を見たが、緑の高層ビルが立ちはだかるような威容に圧倒されたものである。

それにしても、自国の兵器を「大したものではないんです」としきりに強調する国防相も珍しい。苦渋の立場がにじんで、同情を禁じ得ない。ロシアに売り込む時には、逆に「これはすごいんですよ」とアピールしたに違いないのだが。

一方、ロシアは強襲揚陸艦を、欧州の結束を揺さぶるツールとして使っている節があった。引き渡しを強く求めれば求めるほど、応じようとするフランスとそれ以外の国との溝が深まるからだ。実際には、ロシアが本当にどれほど強襲揚陸艦を必要としているか怪しかった。ロシアの艦隊の編成を考えるとうまく運用できそうになく、旧来のロシアの技術との整合性にも不安が残ると報じられていた。こうした問題を棚上げして「早く引き渡せ」と主張するロシアの態度は、政治的な駆け引きに基づいていた。

フランスは結局、二〇一四年秋にミストラルのロシアへの売却を断念し、翌年エジプトとの間で売却契約を結んだ。

この騒動でフランスが失ったのは、ロシアからの契約金だけにとどまらなかった。自国の利益に固執した結果、欧州内での自らの信用も大いに傷つけたのである。

しまったことにあった。

外交はビジネスじゃない

ミストラル問題の根本は、フランスが商売に走るあまり、外交本来の原則や理念を忘れてしまったことにあった。

ソ連崩壊後、ロシアが自立し、民主国家として再出発するための支援を、欧米は続けてきた。軍事面での協力や信頼醸成も、当然そのプログラムに入っていた。とはいえ、軍艦のような大規模な武器を売却するコンセンサスは、欧州内にもなかった。実際、やはりロシアは信用ならなかったと、後にウクライナ危機で証明されるのである。

なのに、セールスマンよろしくしゃしゃり出て強襲揚陸艦を売り込んだのがサルコジだった。欧州の将来への展望よりも、国際秩序への配慮よりも、自分たちの儲けだ。そのような近視眼的な発想が透けて見えた。

外交をビジネスと心得る姿勢は、サルコジ外交に顕著だった。彼の外遊は毎度毎度、財界や有力企業のトップを引き連れた大名行列である。原発やら航空機やらの大型契約を結び、それをひけらかす。外交をカネに換算する態度がありありだった。

もちろん、それは時のフランスの世論が彼に望んだ姿でもあった。シラク政権末期の硬直した社会を変えることが、時代の要請だった。しかし、単に目の前の利益を追い求めるばかりが外交の目的ではない。もっと長期的な視野も必要だ。その際に指針となるのは理念である。理念がしっかりしていると、方針に一貫性が生まれ、ブレを生じさせない。政府の振る舞いに国民が納得し、支持が強まる。政権の信頼度が増し、国内が安定する。

民主国家の外交とは、そうあるべきだろう。トップの采配一つで決まる中国やロシアとは同じではないし、同じであってはならない。民主主義ならではの手続きを踏みつつ、説明責任を果たしながら外交を進めることで、他の国から賛同も集まり、国際社会でのステータスも上がる。外交大国としての評価が定着し、それが長い目で見ると国益に結びつく。

余談になるが、二〇一七年春現在の米トランプ政権は、かつてサルコジがしでかした失敗を、もっと大きなスケールで繰り返そうとしている。企業を脅して国外の工場建設を断念させたり、環太平洋経済連携協定（TPP）から一方的に離脱したりと、自国優先で好き放題である。短期的な利益と国内向けパフォーマンスばかりに目が向き、それが米国への信頼をどれほど損なうか、他国がどれだけそっぽを向くかに、考えが至っていない。米国の外交はこの間、間違いなく蝕まれている。

フランスの戦後史を彩ってきたのは、何より巧みな外交だった。第二次世界大戦中、フランスはドイツに国土を占領され、そこにつくられた傀儡《かいらい》政権がホロコースト（ユダヤ人大虐殺）に手を貸した。フランスは実質上の敗戦国だった。にもかかわらず、うまく立ち回って戦勝国の地位を世界に認めさせ、国連安全保障理事会の常任理事国の座も手にした。戦後はドゴールの下で、米国からもソ連からも距離を置く独自外交を進めた。資本主義陣営内に軸足を置きつつも、自力で核戦力を整備し、ＮＡＴＯの軍事機構から離脱し、米国から独立を保とうと試みた。それは、欧州各国や非同盟諸国と独自の関係を築くことにつながった。賛否はあるだろうが、この「ドゴール主義」がフランスの個性でもあった。

フランスが「ノン」と言うとき

二〇〇三年のイラク戦争を巡る外交は、「ドゴール主義」の最後の輝きだったかもしれない。

二〇〇一年、武装組織「アルカイダ」による九・一一同時多発テロに見舞われた米ブッシュ政権は、その報復としてアフガニスタンを攻撃した後、イラクのフセイン政権にも標的を定めた。独裁政権を転覆させ、そこに民主主義を打ち立てることが、世界の安定につながる、と主張した。「フセイン政権がテロ組織とつながっている」「大量破壊兵器を開発している」との口実で、米国は英国とともにイラクを攻撃しようとした。

立ちはだかったのが、シラク率いるフランスだった。当時の外相ドミニク・ドヴィルパンが中心となり、ドイツやロシアなどと協力しつつ攻撃阻止の外交を展開した。攻撃を認める国連安保理決議を得ようとした米英に対し、ドヴィルパンは二〇〇三年二月、国連安保理で反対の演説に立つ。「戦争は、何かの失敗を受けた取り繕《つくろ》いに他ならない」「古い国家としてのフランス、古い大陸としての欧州は、戦争も、占領も、残虐な出来事も経験した。また、米国などから我が国の解放のために駆けつけてくれた兵士のことをフランスは一度も忘れたことがない。だからこそ、国際社会と共に行動し、よりよい世界を築くことに貢献できると信じる」と論じた持ち時間七分の演説は会場総立ちの喝采を受け、外交史に残るといわれた。

結局、米英は安保理決議を得ることなく単独で戦争に踏み切った。しかし、テロ組織との関係も大量破壊兵器も見つからず、その論拠は誤りだったとわかる。その後のイラクの混乱や「イスラム国」の台頭は、フランスの主張が正しかったことを裏付けている。

ドヴィルパンは首相も務めたが、サルコジとの党内闘争に敗れ、政治から半ば身を引いた。二〇〇九年、彼は私のインタビューに応じ、当時を振り返った。折しも、金融危機が世界を覆う一方、米国にオバマ政権が生まれ、新時代を思わせる雰囲気が漂っていた。

「この十年間は、ブッシュ米政権とネオコン（新保守主義者）による『力の支配』がまかり通ってきました。力で世界秩序を築き、平和も創出しようとしたのです。でも、これは成就しませんでした。世界秩序をつくるうえでの新たな理念は何か。私は『正義』であるべきだと考えます。不正義は暴力の源、テロの背景となり、屈辱心を植え付けます。苦しむ人々について知り、不正義の存在に気づくことが、変化につながるでしょう。不正義をただすことで『身勝手な力が世界を支配する時代は終わった』と内外に示すことができます」

外相としてイラク攻撃回避に動いたとき、その正義が通用すると思っていたのか。

「イラク戦争を巡る私たちの闘いは、結果がどうであれ遂行しなければならないものでした。もちろん、私たちは戦争が起きないことを望みましたが、戦争が起きたとき、それが国際的なお墨付きを得たものではないことを明確にする目的もありました。もしあのとき国連が戦争に同意していたら、国連の信用は失墜していたでしょう。戦争の責任は、米国とごく一部の国にとどまる必要がありました。世界を分断する争いにしてはならなかったのです」

戦争を避けられないと悟ったのはいつだったか。

「国連安保理の外相級会合を翌日に控えた二〇〇三年一月十九日でした。その日、私は米国務長官のパウエルと会い、彼自身戦争が避けられないと考えていると知りました。私が米国に警告を発しようと考えたのは、この日からです。国際社会が戦争に引きずり込まれることをフランスは決して認めないこと、そのために拒否権行使も辞さないことを、はっきり告げようとしました。戦争を防げなくても、この闘いは国際社会にとって、政治的にも文化的にも極めて重要だったのです」

その結果、米仏関係が損なわれたとも指摘される。

「私は米国で育ち、米国で勉強し、米国に親愛と尊敬の念を抱いてきました。ただ、人生と歴史の中では『ノン』と言えるときがなくてはなりません。あのとき、フランスはその使命を担っていました」

英国なき欧州の時代

世の中は、利益がすべてではない。そう正面から主張してきたのが、フランス外交だった。何をきれいごとばかり、と思うかもしれない。しかし、大義を掲げ、大見えを切る演出が、国際社会でのフランスの役回りである。時には滑稽なその振る舞いがこの国の魅力でもあった。

フランスの外交力は、ドイツの経済力と並んで、欧州統合を牽引する原動力となっていた。フランスは、経済ではドイツに到底及ばない。それを補ってきたのが、長年培ってきた外交技術である。独仏がこの二つの力で協力したからこそ、ＥＵもまとまった。しかし、サルコジはドイツの経済力に目を奪われ、ドイツと同じ土俵に上がって二番手を目指そうとした。その結果、自国の潜在的な力を見失ってしまったのである。

もっとも、米ソが世界を分断する冷戦時代だったからこそ、その狭間に立ってバランスを取りつつ立ち回ることができたのかもしれない。冷戦終結後、世界はより複雑化し、フランスの立ち位置も見えにくくなった。価値観の多様化の下で埋没しつつあるのは、フランスに限らない。その意味で、サルコジは不幸な時に大統領になったと、いえないこともない。

オランド政権になって、フランスの外交力の衰えはより激しい。ウクライナ危機で、調停役として期待されるのはフランスではなくドイツの首相メルケルである。シリア内戦でも、ロシアや米国、イラン、トルコといった国が交渉を担い、旧宗主国であるにもかかわらずフランスの出る幕は乏しい。もはや、重要な国際交渉の前面に立つことさえ、フランスにとっては難しくなっている。

二〇一六年、フランスの外交環境を巡る大きな変化が起きた。英国が六月の国民投票でEUからの離脱を選択したのである。これまで、フランスの衰えを曲がりなりにも補ってきたのが、欧州レベルでの結束だった。その前提となるEUが揺るぎ始めた。

英国はまた、米国との密接な関係や英連邦各国との結びつきを保ち、フランスとは異なる形で独自の外交チャンネルを築いてきた国である。その英国を失うことによって、EUは疲弊した足腰をさらに弱めるか。逆に結束を固め、力を取り戻すか。その中でフランスはどのような役割を担うのか。

明確な解答が出ているわけではない。混沌とした世界の中で、フランス外交が進むべき道もまた、霧にかすんでいる。

第五章　国民戦線はなぜ台頭したか

フランスの鉄冷えの象徴、北東部のフロランジュ製鉄所

た。

鉄冷えの谷

丘の上に上がると、見晴るかす視界の真ん中に、赤茶けた高炉がどっかりとそびえていた。

フランス北東部、ルクセンブルク国境に近いフェンシュ谷は、ライン川からモーゼル川をさかのぼった先に位置する。谷というものの、実際には緩やかな丘陵地に囲まれた平地である。ここで、フロランジュ製鉄所の存在感は圧倒的だ。高炉や作業場、ビルが林立し、街中に工場があるというより、工場の周囲に街があるといったたたずまいである。

「製鉄所は街の心臓だよ。すべてが、ここを中心に回っていたのだから」

製鉄所の元労働者アントワーヌ・テラクが、指し示しながら説明してくれた。

高炉の脇からは、広大な空き地が広がっている。

「今見えるより製鉄所はずっと大きかった。あの空き地まで工場が続いていたんだ」

フェンシュ谷では、十五世紀から十六世紀にかけてすでに製鉄が営まれていた。十八世紀初頭、この地方に居着いて城館で暮らしていたドヴァンデル家が事業をまとめ、以後代々が引き継ぐ中で拡大させた。工場は周辺都市にも広がり、フェンシュ谷は欧州を代表する工業地帯へと発展した。戦後、製鉄所は創業家の手を次第に離れ、曲折を経て二〇〇六年から鉄鋼世界最大手アルセロール・ミッタル（本社ルクセンブルク）の傘下にある。

しかし、高炉にもう火は入らない。アルセロール・ミッタルは二〇一一年、工場の大部分の休業を決めた。以後、この一帯はフランスで最も寂《さび》れた地区として語られている。

この時会社側が明らかにした「休業」は名目に過ぎず、実際には廃業だった。クレーンの運転士として製鉄所に二十年間勤めてきたテラクは、二千八百人といわれた労働者の雇用確保を求める労働争議を率いた。敷地を占拠し、集会を開き、パリまでの三百キロあまりを徒歩で行進する企画を実現させ、閉鎖撤回をフランス全土に訴えた。現地視察に訪れた政治家にテラクは議論を挑み、その姿を映した動画がユーチューブで多くの支持を集めた。

当時フランスは二〇一二年大統領選のさなかで、社会党候補だったフランソワ・オランドは雇用確保を約束した。しかし、オランドが大統領に就任しても、事態は変わらなかった。ロシアの鉄鋼会社が買収する案、国営化案などが出たもののまとまらず、アルセロール・ミッタルは最終的に閉鎖に踏み切った。

確かに、政府はそれなりの対策を取った。労働者たちは他の仕事に転じ、路頭に迷った人は少ない。テラクもその後、地元の地域圏議会事務局に職員として勤めるようになった。この争議を機に、二〇一四年には「フロランジュ法」が制定された。大規模生産拠点を閉鎖する企業に対して事前に売却先を探すよう義務づけるとともに、大株主の議決権を強化して政府の介入を容易にした。その思い切った雇用保護策には、日本をはじめ各国も注目した。

それでもなお、テラクの失望は深い。

「単なる雇用の問題じゃないんだ。工場を失うと、すべてが失われてしまう。求心力が弱まり、学校も、病院も、店も閉まる。地域社会が消滅するのだから」

実際、地元の商店街では、シャッターをおろした店舗が多い。病院は精神科を除いて廃止され、地方の中心都市ティオンヴィルの病院に車で二十分ほどかけて行かなければならない。「みんなそこに集まるものだから、診察は七時間待ちだよ」とテラクはぼやく。新たな職を求めて転出する人が多く、学校では学級閉鎖も相次いだ。市民の間には、見放されたとの意識が強いという。

「欲しいのは援助やカネじゃない」とテラクはいう。収入減とか、補助金削減とかの実利面にとどまらない不満が、地域に渦巻いている。自ら働き、自らの手で街と生活を築いていく――。そのような意欲と活気が、製鉄所の閉鎖で失われたことが大きいのである。

製鉄所の地元アイアンジュ市で右翼「国民戦線」の市長が誕生した背景にも、この地域の閉塞感が作用していたに違いない。

根を張った国民戦線

労働者の街らしく、アイアンジュの市長は戦後、主に左派か中道の出身者が務めてきた。直近の市長も社会党出身だった。しかし、二〇一四年の市議選で初めて国民戦線が勝利を収め、市議の互選でファビアン・アンジェルマンが市長に就任した。

アンジェルマンはもともと左翼にいた人物である。一九七九年アイアンジュ近郊に生まれ、自治体職員として労働運動にのめり込み、トロツキスト政党の候補として地方選挙に立候補したこともある。しかし、二〇一〇年に突然、国民戦線に移籍した。イスラム教女性のスカーフ着用に反対したことがきっかけだったという。労組からは除名されたが、四年後の統一地方選でアイアンジュ市議選の国民戦線候補者リストを率いた。市長就任後は、党首マリーヌ・ルペンの社会対話担当顧問も務めるようになった。

市役所を訪ね、アンジェルマンの下で広報部長を務めるジョナタン・シャンピオンに会った。彼は地元出身でなく、国民戦線によって市役所に送り込まれたスタッフである。

「以前の市長とは違って、アンジェルマンは毎日出勤して、市内各地を熱心に回っています。市民の身近にいること、就任以降減税に踏み切ったことなどが、評価されていると思いますよ。移民問題は、ここでは大きな課題ではありませんね」

国民戦線というと、すぐに「移民排斥」「ＥＵからの離脱」といった強硬なイメージが思い浮かぶが、シャンピオンが強調したのは地元密着型の政治だった。現状認識も、テラクとさほど変わらなかった。

「昔の繁栄に、この街の人々は大きな誇りを抱いていました。なのに今、街は死んでいる。その傷は大きい。失望感と先行きへの不安が人々をとらえています」

アイアンジュに代表されるフランス北東部の鉄鋼地帯や、そこに連なるフランス北部の旧炭鉱地帯では、戦後の成長期が過ぎて以降、工場閉鎖や閉山が相次いだ。どの街も今、中心部に人影は乏しい。その風景は、米国でトランプ支持が根強いラストベルト（さびついた地帯）に似ている。日本の地方都市のシャッター街にも通じるものがある。

そこは、世に言う「格差」の現場である。ただ、その格差は、単なる収入や教育のギャップにとどまらない。心の格差、充実度の格差とでも言うべきか。大都会はグローバル化の波に乗ってますます繁栄する。その陰で、取り残された人々の屈辱感が増幅する。見捨てられた感、無念さが漂っている。

そのような意識が、政治状況の変化につながっている。これらの地方の労働者はかつて、社会党や共産党などの左派支持だと決まっていた。地元の自治体も、軒並み左派市政だった。ところが、国民戦線が近年これらの地方に浸透し、大幅に支持を伸ばしている。

フランス北部旧炭鉱地帯にあるエナンボモンも、一九七〇年代に炭鉱が閉山した後に目立った産業が育たず、失業率の増加や治安の悪化を招いていた街である。二〇一四年の統一地方選では、アイアンジュと同様に国民戦線の市長が誕生した。左派の長期市政が腐敗し、新たな政治勢力に期待する声が高まってのことだった。

市長に就任したスティーヴ・ブリオワは、国民戦線で書記長を務めていた若手有望株だが、この街を有名にしたのは彼にとどまらない。党首のマリーヌ・ルペン自らここに居を定め、活動の拠点としているのである。国民戦線に対しては、「右翼に行政が担当できるのか」といった疑問が以前から呈せられてきた。これに応えようと、国民戦線はこの街を、自らの責任能力を外部に示す「ショーケース」と位置づけ、党首自らてこ入れしつつ、周辺の地方にも党勢を広げようと試みる。

テロとイスラム主義の脅威、それに対応できない政権のデカダンスと外交の迷走、見捨てられて不満を強める地方——。そのようなフランスの閉塞感を一手に吸収し、力を蓄えているのが、国民戦線とマリーヌ・ルペンである。

マリーヌと北部旧炭鉱地帯

一九七二年に発足した国民戦線に、党首はこれまで二人しかいない。結党以来三十八年あまりにわたって党首を担った初代のジャン＝マリー・ルペンと、その三女で二〇一一年に就任したマリーヌ・ルペンである。

「右翼の党首」という肩書は強面《こわもて》ぶりを想像させるが、マリーヌ・ルペンは少なくとも表面上、現代的で開明的な女性である。三十年にわたって国民戦線を追う『ロピニオン』紙記者ベアトリス・ウシャールによると、実際の彼女は人当たりが良く、テロの犠牲者を思いやるなど感傷的な面も備えているという。

「うまいモノを食べて飲んで騒いでと、人生を大いに楽しむ普通のフランス市民の感覚を持っています。権力を目指してガツガツする姿勢はむしろ薄い。政治家としての自らの限界をわきまえているのかもしれません」

メディアを気にしてイメージづくりに精を出す政治家が多い中で、マリーヌにはそのような細工もうかがえない。シャンパーニュを飲み干し、たばこを吹かし、その姿を写真に撮られても平気である。懇談の場では記者の元を回り、はぐらかすことなく一人ひとりの質問に答える。

無類の勉強家といわれ、三児の母として家事も担う。二度の離婚と三度の結婚を経験し、私生活はそれなりに華やかだが、サルコジやオランドが恋愛沙汰やスキャンダルでメディアを賑わせたことには極めて批判的だ。「政治家の権威が失われたのは、私生活を売り物にしたからです。私は表に出しません」と明言する。

政治家としての彼女はむしろ頑固、権威的で、議論を交わすよりもむしろ、相手を説得しようとするという。どんな批判を浴びても動じない度胸と迫力は親譲りである。移民やEUに対して激しい攻撃性をむき出しにし、党内の統制や人事に関しても冷徹で容赦ない。そのブレのなさが、周囲の信頼と支持を集める要因でもある。

政治家としての第一歩をマリーヌが踏み出したのは、このフランス北部旧炭鉱地帯だった。一九九八年、エナンボモンを含むノール・パドカレ地域圏議会選の党候補者リストに加わって当選したのである。当時、国民戦線は分裂騒ぎを起こし、勢力を大幅に失っていた。党の衰退ぶりに懸念を抱いた党幹部がマリーヌに目をつけ、「政治に足を踏み入れていない彼女こそ党勢挽回の起爆剤となるかもしれない」と、自らの地元に招いたのだった。

ノール・パドカレ地域圏（現オードフランス地域圏の一部）は、北部リールを中心とする地方で、世界有数を誇る炭田が広がる。炭鉱地帯は世界中どこでもそうだが、一九七〇年代前後に閉山が相次ぎ、以後低成長と失業にあえいだ。同時に、この地域で長年支持を集めた共産党や社会党が影響力を弱め、人々は新たな政治勢力を求めていた。マリーヌは期せずして、そのような地方に足がかりを得た。

マリーヌの地域圏議会議員としての任期は二〇〇四年に終わり、その後彼女は政治活動の中心をパリに置いたが、二度目の機会が〇七年に回ってくる。それが、炭田の真ん中の町エナンボモンだった。ここで市政改革を目指していた国民戦線の地方政治家ブルノ・ビルドがマリーヌに声をかけたのである。ビルドは、後に市長になるブリオワの盟友であり、私生活上のパートナーでもある。エナンボモンは典型的な炭鉱町で、閉山後の失業者増加と治安悪化に苦しんでいた。

マリーヌはこれを受け入れ、エナンボモンにアパルトマンを借りて引っ越した。当時のマリーヌは副党首に昇格する一方で、確固たる地盤や党内基盤を築こうと模索していた。北部旧炭鉱地帯は、彼女にとってその足がかりとなるべき場所と映った。

社会党のお株を奪う

「移民排斥」の主張に代表される国民戦線はそれまで、工業化が進んで移民が多いフランスの南部や東部で主に支持を広げてきた。一方で、穏健派カトリックの価値観が根強い西部や、労組が強い北部、北東部には、浸透しきれないでいた。

しかし、一九九〇年代以降の冷戦構造終結とグローバル化の進展に、十四年に及んだ左派ミッテラン政権の疲弊も加わり、社会党や共産党が衰退した。かつての東西左右の対立から、所得や教育の水準に基づく上下格差へと、社会の亀裂も移行した。かつて左派を支持した労働者は、指標を失ってさまようようになった。

来たるべき国民戦線の支持者をこうした人々が占めるはずだと、マリーヌは読み取ったに違いない。それは、米国で本来なら民主党支持だった労働者層に働きかけたトランプの戦略に似ている。

二〇〇七年の総選挙で、マリーヌはエナンボモンの選挙区から立候補した。この時落選した彼女に対する党内の目は冷ややかだった。「伝統的な票田を離れて何をしているか」といった批判が少なくなかった。しかし、翌〇八年にエナンボモン市議に就任したマリーヌは、着実に地域に根を張った。一四年にスティーヴ・ブリオワが市長に就任したことで、この街は名実ともに国民戦線の拠点都市となった。

国民戦線は本当に政権を担えるのか。その実験の場所として、エナンボモンは注目されている。国民戦線はここで、その中心テーマである移民問題をほとんど訴えることなく、ごく手堅い市政運営を続けている。

「実験室はうまく機能していますか」

マリーヌに会った時にそう尋ねてみたことがある。彼女は、その表現に多少抵抗した。

「実験室という表現は、マウスのイメージがあって好きではありません。ここは、住民を使う実験ではなく、私たちが何をできるかを示すショーウィンドーです。素晴らしい成果が生まれていますよ」

かつてこの地方に強い影響力を持っていた社会党は、逆に労働者とは無縁の方向に走っていった。もともとインテリ知識人の強い支持を集めてきた政党だが、グローバル化の波に乗ったことで党の都市化、エリート化がさらに進んだ。ミッテラン政権で与党となった一九八〇年代以降、幹部には官僚養成機関グラン・ゼコールを出た役人がずらりと並ぶようになり、「最も高学歴の政党」と揶揄もされた。

そのような姿に、「見捨てられた」と感じる労働者は少なくないだろう。マリーヌ・ルペンと国民戦線は、そこに手を差し伸べたのである。

再編された支持層

二〇一二年、マリーヌ・ルペンは大統領選に初めて立候補した。結果は、第一回投票で六四二万一四二六票を得たものの三位に終わり、現職の右派サルコジと左派オランドとの間で決選が争われることになった。右翼研究の第一人者、パリ政治学院教授のパスカル・ペリノーはこの時、第一回投票でマリーヌを支持した有権者が決選で誰の支持に回ったかを調査した。

通常だと、マリーヌ票のほとんどは右派強硬派のサルコジに行くと想像できる。右翼と右派は親和性が強く、票の行き来も頻繁である。実際、その前の二〇〇七年大統領選では、マリーヌの父ジャン＝マリー・ルペンの支持層をサルコジが切り崩し、多くの票を持ち去ったのである。

しかし、調査の結果、実際にサルコジが得たのはマリーヌ票の五七％に過ぎなかった。一七％が決選でオランドに投票していた。特に被雇用者や労働者の層では、約四分の一が決選を棄権し、別の約四分の一がオランドに投票した。マリーヌからオランドにシフトした実数は百万人以上に達し、オランドに最終的な勝利をもたらした。

マリーヌの支持者には、旧来の右翼支持層以外にこのような労働者層が多数含まれているのである。ペリノーはこうした人々を「左派ルペン主義者」と呼んだ。

さらに興味深いのは、この選挙とその十年前の大統領選を比較したペリノーの調査である。十年前とは、父ジャン＝マリー・ルペンが決選に進出した二〇〇二年の「ルペン・ショック」にあたる。

二〇〇二年の父に比べ、一二年の娘は一六〇万票あまり多く得票していた。つまり、マリーヌは「ルペン・ショック」を随分上回る支持を得ていた。では、その得票がフランス全土で満遍なく上乗せされたかというとそうではなく、大きなばらつきがうかがえた。端的に言うと、伝統的に右翼支持が強い地域でむしろ国民戦線は退潮傾向を見せた一方で、これまで支持が広がらなかった地域で躍進したのである。

フランス本土の九十六県のうち、マリーヌは二十一県で十年前から得票を減らした。裕福なお年寄りが集まって右翼の牙城となっていた南仏ニースやカンヌ周辺のアルプ・マリティーム県で五・二％減となったのをはじめ、国民戦線の票田である地中海沿岸やフランス東部、パリ周辺などで軒並み得票を減らした。これらの地方は一般的に教育水準が高く、フランスの他の地方に比べインテリが多く、労働者階級が少ない、といった特徴を持つ。

逆に得票が伸びたのは、労働者が多い地域と農村地域である。二六・三％増と伸び幅が最大だったパリ北東エーヌ県では、労働者と農民が多数暮らす。二五・五％増のパドカレ県は旧炭鉱地帯で、マリーヌの本拠地エナンボモンが位置している。

さらに目立つのは、ここ十年での国民戦線支持層の若年化、女性化である。ペリノーの調査によると、二十五歳から三十四歳の間で八ポイント、十八歳から二十四歳の間で五ポイント支持が上昇した。女性の間でも二ポイント増えた。

つまり、マリーヌ・ルペンは父の時代からの支持層を再編させたのである。その背景にあったのは、冷戦終結とグローバル化の到来や、炭鉱や鉄鋼といった旧来の産業分野が栄えた地域の衰退である。もっとも、そのような時代の変化を読み取るマリーヌの感性なしにも、この変化はあり得なかったに違いない。

匿名のアドバイザー

言い方を変えると、グローバル化に恐怖心を抱く人々、グローバル化の波に乗れない人々が、国民戦線の支持に走っている、ともいえる。その多くが労働者層であり、グローバル人材として羽ばたく技術や勇気を持ち合わせず、取り残された感を抱いている。国民戦線の側も、彼らに寄り添い、反グローバル化をうたうことで、庶民の味方を演出している。

日本でグローバル化というと米国の影響がまず思い浮かぶが、欧州でグローバル化の象徴はEUである。欧州内部でも、北欧やドイツ、英国など北部の国々はグローバル経済になじんで外向的だった。一方、共同体でのつながりを重視する地中海諸国などの南部は概して内向的だ。欧州統合は、メンタリティーが異なる南北の格差を均《なら》す役割を果たしてきた。

欧州北部の発想や規則、商品が南側にどっと押し寄せた。南側のアイデンティティーが強いフランスでは、新たな変化を強いる存在として、EUに対する反発が根強い。国民戦線は、そのような世論に迎合して、反EUを前面に掲げている。

さらに、国民戦線が目の敵にしてきた「移民」もグローバル化の現れである。経済移民は賃金の低いところから高いところに流れると同時に、自分たちの文化や習慣も移住先に広める。国民戦線の中で、反移民と反EUとは同じ「反グローバル化」の文脈で語られる。

国民戦線は、移民に対して国境を閉ざそうとしているだけではない。経済に関する政策でも、米国のトランプと同様に、国境の内側にとどまろうとする姿勢が顕著にうかがえる。しかし、こうした保護主義の傾向は、もともとこの党に薄かった。先代の党首ジャン＝マリー・ルペンは、むしろ米大統領レーガンに親しみを抱き、自由貿易を支持していると考えられていた。そもそも、当時の国民戦線は反共や反移民などの課題に特化したシングル・イシュー政党であり、経済政策などに関心を抱かなかった。

変化は、マリーヌが党首になってからである。それを陰で操った人物がいる。

時間が少し戻るが、マリーヌが党首に就任して三ヵ月近く後の二〇一一年四月、パリのセーヌ川に浮かぶ船の上で、国民戦線が経済政策をテーマに記者会見を開いた。党の立場を代弁する経済学者が登壇し、単一通貨ユーロからの離脱の可能性について説明した。しかし、会見が進むにつれて、記者たちの関心は経済学者よりも、隣に座る見慣れない若者に移っていった。才気にあふれ、説明が明確で、受け答えもそつがない。高等教育を受け、官僚としての経験がありそうに思われた。報道陣の間では「マリーヌと密接な関係を持ち、自宅にまで出入りして助言をしているエリート官僚の一群がいる」との噂が少し前から流れており、若者はその一人だと目された。しかし、彼は自らを「ムッシュー・フランソワ」と呼ぶだけで、本名も名乗らなければ、写真撮影も拒否した。

どんな場所であれ、話す主が誰だかわからない記者会見はあり得ない。ジャーナリストにとって最も大事なのは、何を言ったかではなく、誰が言ったかにあるからだ。出席した記者からは不満の声が上がった。党内部からも「国民戦線の一員として表に出る気がない野郎は引っ込んでいろ」との批判が出た。「ムッシュー・フランソワ」がその正体を明かしたのは、その年の十月になってからである。マリーヌ自身が、二〇一二年大統領選のキャンペーン戦略部長にその男を任命したのだった。

本当の名前はフロリアン・フィリポという。高学歴者が少ない党内では珍しく、官僚養成機関グラン・ゼコールの中でも最難関の国立行政学院（ＥＮＡ）を出たトップエリートである。この時まだ三十歳に過ぎなかった。間もなく彼は、国民戦線ナンバーツーの戦略広報担当副党首に就任した。

二〇一七年春現在、フィリポは押しも押されもせぬ党の最重要人物となっている。マリーヌが何か党の方針を決める際には必ず彼の助言を求めるといわれ、ある意味でマリーヌ以上の影響力を党内で保っている。旧態依然とした右翼のイメージを払拭する新世代の国民戦線の顔となった一方で、あまりに急速に台頭したことから、敵も多い。特に、先代党首ジャン＝マリー・ルペンや古参幹部とは犬猿の仲である。

左派から右翼へ

フィリポが党内で反発を受けるもう一つの理由は、その政治遍歴だ。彼は、右翼活動に取り組んだ経験を持たない。それどころか、学生時代には左派陣営の活動に勤《いそ》しんでいた。

フロリアン・フィリポは一九八一年、フランス北部リール郊外に生まれた。少年時代からドゴールに憧れ、国家重視、民営化批判の思想を育んでいたという。二〇〇一年に名門グラン・ゼコールのＨＥＣ経営大学院に入学し、翌二〇〇二年の大統領選ではジャン＝ピエール・シュヴェヌマンを支持する学生組織のリーダーとなった。

シュヴェヌマンは、社会党のミッテラン政権やジョスパン内閣で国防相、内相を歴任した左派の大物政治家である。ただ、政治的立場はなかなか形容し難く、左翼に近いものの国家の機能を重視し、反グローバル化、反ＥＵの主張も唱えて「共和主義派」などと呼ばれた。二〇〇二年の大統領選では右派の現職シラク、左派のジョスパンに続く第三の候補として期待されたが、最終的に失速した。

ここでシュヴェヌマンから受けた国家主義の薫陶《くんとう》が、フィリポを右翼に向かわせる素地となった。その後、フィリポは国立行政学院を出て内務省所属の行政監察総監に就職した。その間、欧州憲法条約批准の是非を巡る二〇〇五年の国民投票では反対のキャンペーンにも加わった。反EUの立場を取る左翼政治家ジャン＝リュック・メランションを支持したこともある。ただ、左派や左翼は結局、フィリポを満足させるに至らなかった。

彼は二〇〇九年、テレビで見かけたマリーヌ・ルペンの主張に関心を抱き、知人の紹介で彼女に面会した。その後、身分を隠したままマリーヌの実務会合に出入りし、政策を助言するようになったという。こうして彼は、シュヴェヌマン仕込みの保護主義を国民戦線に持ち込んだのである。

フィリポの合流は、孤立した出来事ではない。左派出身で国民戦線にかかわるようになった人物は、他にも多い。『フィガロ・マガジン』誌の二〇一三年の記事「国民戦線の秘密ネットワーク」によると、インテリや専門家によるマリーヌの支援組織がつくられており、シュヴェヌマンに近かった官僚や学者も何人か含まれる。

エリート官僚出身のポール＝マリー・クートーはその一人である。ミッテラン社会党政権で閣僚らの顧問を歴任し、国防相だったシュヴェヌマンにも仕えた後、右派を経て右翼へと近づいた。国民戦線に入党はしていないものの、マリーヌの近くで様々な助言をし、フィリポを彼女に紹介したのも彼だといわれている。マリーヌとの関係はその後悪化し、二〇一四年に袂《たもと》を分かったものの、保護主義を党に浸透させるうえで大きな役割を果たした。シュヴェヌマンとともに左派政党「市民の運動」の創設に参加した経験を持つ左派の企業幹部ベルトラン・デュテイユ＝ドラロシェールも、その後マリーヌに接近し、政教分離政策担当の顧問として助言者グループの一角を占めるようになった。

左派や左翼から右翼への移籍は、彼ら幹部に限らず、支持者レベルでも起きている。マリーヌはトレンドをいち早く感じ取り、その波に乗ったのである。

ただ、マリーヌを語るには、その父ジャン＝マリー・ルペンを知ることなしに不可能だ。また、彼女の立場や主張も、国民戦線の変遷の中に位置づけて考える必要がある。次章では、ルペン一家の故郷を訪ねるところから、党の歴史をたどりたい。

第六章　マリーヌ・ルペン　権力への道

演説するジャン＝マリー・ルペン

父ジャン＝マリー・ルペンの軌跡

大西洋に突き出したフランスの西北ブルターニュ地方は、複雑に入り組んだ海岸線に周囲を彩られている。その南岸に位置する漁村の一つが、トリニテ＝シュール＝メールである。人口千五百程度の漁村だが、ヨットレースの開催場所として少し名が通っている。

ジャン＝マリー・ルペンことジャン＝マリー＝ルイ・ルペンは、一九二八年にここで生まれた。その生家は、港から緩い坂道を少しのぼったところにある。三世帯が入居する二階建ての長屋で、お世辞にも立派とは言い難い。白壁に草が伝い、屋根には苔がむしている。石造りの壁で、天井は梁《はり》がむき出しだ。

「電気もガスも水道もない生活でした。でも、花だけはいっぱいあったよ。庭は花盛りだったからね」

二〇〇七年初春、帰省した彼は、集まった私たち報道陣を前にこう語った。実際、庭にはツバキらしき花が開きかけている。アジサイの木も茂っている。初夏はさぞかし華やかになるだろう。

ルペンは、ミッテランのような地方の名家出身でも、シラクのようなパリのブルジョア家庭出身でもない。庶民の出であるという成り上がり根性が、彼の活力を支えてきた。

漁民だった父は、機雷の爆発事故で死亡した。ルペンが十四歳の時だった。彼はその後、苦学してパリ大学法学部に入学し、その巧みな弁舌から右派系の学生団体内で急速に頭角を現した。インドシナ戦争に赴いた後、二十七歳で総選挙に立候補して当選を果たし、最年少で国民議会議員陣の一角を占めた。

このころ、ルペンはまだ「右翼」のレッテルを貼られていたわけではなかった。当時一世を風靡《ふうび》した右翼運動プジャード派に所属したものの、すぐに離れて無所属となっており、人脈と相性次第では右派または中道の政治家としてやっていく可能性もあった。彼の本質は、信念を抱いた右翼ナショナリストでなく、大衆の支持を集めて喜ぶポピュリストである。人気を得られれば、政治的な信念など二の次だった。

一九六二年の総選挙でルペンは落選し、以後十年あまり経済的に苦しい時期を過ごした。そのころ、戦後フランスの右翼界には様々な派閥が並び立ち、合従連衡を繰り返していた。結集の指針となっていたのは、思想や理念というより、その集団を率いるトップの人脈だった。要は、誰もがお山の大将になりたがるのである。大将になれなければ自分で組織を立ち上げる。そうして右翼は細分化され、政治的な力を持ち得ないでいた。

一九六八年、パリの左翼学生運動「五月革命」が起きた。若さ、自由、無責任、フリーセックスといった学生特有の概念が社会に広がり、既成の価値観を打ち破ろうとする動きが市民権を得た。右翼の間には焦りと危機感が広がり、若手組織「新秩序」(オルドル・ヌーヴォー)を中心に結束の動きが生まれた。

「新秩序」は支持を広げようと、各地の選挙で候補者擁立を試みた。成果は芳しくなかった。一九七〇年に実施された国民議会議員の補選でこそ三%あまりの支持を得たものの、その後は一%にも満たず、メディアからも相手にされなかった。若者ばかりでやっていては限界がある。年配者も含めて新たな政治部門を結成すれば、もっと目立つのではないか。

こうして、「新秩序」の傀儡政党が発足することになった。これが「国民戦線」である。「表の顔」には、年配者を据えた方が支持を受けやすい。ちょうどいい男がいた。この年四十四歳で、右翼的な傾向を持ち、演説が極めて巧みである。国民議会議員を二期務めた実績があり、しかも生活に困っている。

その男は最初渋った。血気にはやる若者たちと一緒にやって行けそうになかったし、どうせ傀儡だとわかっていた。しかし、最終的に彼は説得に応じた。

ジャン゠マリー・ルペンを初代党首に迎えて、「国民戦線」が一九七二年に発足した。

興隆と挫折

国民戦線の内部は最初、「新秩序」の若い武闘派と、大衆迎合的なルペン周辺の一群とに分かれていた。しかし、左翼団体や警察との市街戦を引き起こした「新秩序」は解散を命じられ、ルペンの党内主導権が確立された。もっとも、国民戦線自体の支持は広がらず、泡沫政党の一つにとどまっていた。

一九八一年、ミッテラン左派政権が誕生した。新政権への人気は早々に失速し、失望した労働者らの支持が徐々に国民戦線に流れ始めた。国民戦線が、ソ連や共産主義といったそれまでの標的を「移民」に移したことも、功を奏した。イスラム過激派のテロが頻発し、社会の不安が増し、国民戦線は地方選挙で一〇％前後を得票するようになった。

比例代表制を取り入れて実施された一九八六年の総選挙で、国民戦線はそれまでのゼロ議席から一挙に三十五議席を得た。その一人として、党首ジャン＝マリー・ルペンも国民議会に復帰した。あまりの躍進ぶりに政界で動揺が広がり、野党の右派の中には国民戦線との連携を模索する動きも出始めた。

しかし、一九八七年に起きた「ガス室」発言がすべてを変えた。ラジオに出演したルペンが、ナチス・ドイツによる強制収容所のガス室について「第二次世界大戦の歴史の中の細部の点だ」と述べたのである。ホロコーストを正当化しかねない放言だとして、各界からの批判が嵐のように押し寄せた。

欧州各国にとって、ホロコースト否定やユダヤ人攻撃はタブーであり、罰則を科せられる場合も少なくない。それは、虐殺を防げず、六百万人ものユダヤ人を犠牲にしてしまったことへの反省に基づいている。特定の民族や宗教を攻撃する言動が許されないのは当然だが、それがユダヤ人を対象とする場合、とりわけ警戒を要する。ルペンの発言は、そうした歴史の教訓にあえて挑戦していると見なされた。ルペンとしては、党内で一定の勢力を持つ戦前戦中のナチス協力者らに配慮する意識があっただろう。スキャンダルを引き出そうとする司会者の誘導に引っかかった面もあった。ともかく、この騒ぎを機に、それまで国民戦線と提携を模索していた右派政治家も、一斉に離れていった。国民戦線は孤立した。

一九八八年の総選挙で国民戦線は大敗した。一人だけ残った議員も間もなく離党し、国政から排除されていた八六年以前の状態に逆戻りした。こうした中で発言権を増してきたのが、党ナンバーツーのブルノ・メグレだった。

メグレは、国民戦線には珍しくエリート官僚の出身である。もともとは右派政党に近く、一九八六年の総選挙で当選した際に、国民戦線と連携した。八八年に党幹事長に就任すると、古参幹部を瞬く間に追い抜いてルペンに次ぐ地位を確保した。国民戦線に政策を論じられる人材が少なく、重宝されたのである。

メグレはその背後に、学者たちでつくる新右翼の思想家団体「欧州文明調査研究集団」（GRECE）と、その理念を実行するための政治家集団「大時計クラブ」を抱えていた。従来型の右翼と新右翼とを大雑把に分類すると、旧右翼はカトリック強硬派や反共主義者を中心としている。欧州が他に比べ優越していると意識し、植民地などを通じてその理念を広めることはいいことだと考える。新右翼は、政教分離を重視し、反米傾向も持ち合わせる。文明は多様だから欧州も他文明も平等だと見なし、欧州は勝手にやるから他もかかわらないで自分でやってくれと考える。旧右翼には露骨な差別意識が見られるが、新右翼はそのような傾向を表に出そうとしない。旧右翼に比べ、新右翼は一見開明的に見えて、実はずっと周到で巧みだともいえる。

メグレは新右翼の側近らの支援を受けて、国民戦線を右派政党と連携させることで政権に近づく道を模索した。ルペンがそんな試みを認めるわけはない。連携したら、自らがお山の大将でなくなるのである。二人の関係は急速に悪化し、メグレは一九九九年初頭、新政党「共和国民運動」（ＭＮＲ）を立ち上げた。幹部や地方議員の過半数がメグレに従い、国民戦線は存亡の危機に追い込まれた。

国民戦線はもう終わりだと、多くが考えた。三年後にまさかの大仰天が待っていようとは、思いもしなかった。

ポピュリズム時代の到来

一九九五年に大統領に就任した右派のジャック・シラクは、一期目の任期七年を不遇のうちに終えようとしていた。就任早々核実験を強行し、世界中の顰蹙《ひんしゅく》と反発を買った。二年後には抜き打ちの総選挙に打って出て敗れ、以後五年にわたって社会党の首相リオネル・ジョスパンとの間で保革共存政権（コアビタシオン）を余儀なくされた。政権は死に体と化し、「無能の大統領」のレッテルを貼られかねない状態だった。シラクがイラク戦争を巡って米ブッシュ政権と対峙し、「国父」の風格を漂わせるのは、憲法改正で任期五年となった二期目に入ってからのことである。

だから、二〇〇二年大統領選では現職シラクの落選を予想する声が少なくなかった。代わって政権を握るのは首相のジョスパンだと思われた。フランス最高のエリートを閣僚に並べて「ドリーム・チーム」と呼ばれたジョスパン左派内閣は、大幅な失業率の改善を成し遂げ、大きな期待を集めていた。

しかし、第一回投票の四月二十一日、シラクとともに決選進出を決めたのはルペンだった。最終結果はシラク一九・八八%、ルペン一六・八六%で、ジョスパンは三位の一六・一八%にとどまった。

前評判の高かったジョスパンがルペンに敗れた理屈は簡単である。国民戦線は一九八〇年代半ば以降、国政選挙で一貫して一五％前後の得票を収めていた。分裂で力が削がれたものの、エリート然としたメグレに人気は集まらず、ルペンは支持を回復していた。ルペンが選挙で獲得した一六・八六％は概ね予想の範囲内で、それほど素晴らしいスコアではない。対して左派や左翼は、社会党のジョスパンのほか小政党から計八人の候補が乱立し、票がばらけた。単に候補者調整に失敗しただけで、右翼が急伸したわけではなかった。

それでも、この出来事は「ルペン・ショック」と名付けられるに値する。それは、ルペンが衝撃的に支持を拡大したからではない。このころ、先進各国でポピュリズムが影響力を強めており、そうした世界のトレンドを象徴する出来事として受け止められたからである。

ポピュリズムが一九九〇年代から徐々に世界に広がり、また「ポピュリズム」という言葉自体も定着してきたのは、一九八九年の「ベルリンの壁」崩壊や冷戦構造終結と無縁ではない。東西左右に分かれていた世界が一つになり、それまで世界を規定してきた秩序が崩れたことで、よって立つ権威とイデオロギーを失った大衆が、それぞれの方向に浮遊を始めた。彼らに寄り添い、不満を結集し、現状批判の政治勢力にまとめる。そのような力として、ポピュリスト政治家の存在意義が生じたのである。

欧州では、イタリアで一九九〇年代からシルヴィオ・ベルルスコーニがこうした手法で政権を握った。オーストリアでは二〇〇〇年、イェルク・ハイダー率いる右翼ポピュリスト政党「自由党」が政権に参加した。「ルペン・ショック」は、その延長線上に位置づけられるべき出来事だった。

その流れはさらに広がり、トランプ政権誕生に行き着く。「ルペン・ショック」は、そのような時代の到来を告げたのである。

右でもなく、左でもなく

ジャン＝マリー・ルペンには、三人の娘がいる。長女マリー＝カロリーヌ、次女ヤンに続き、一九六八年に生まれたのが三女マリオン＝アンヌ＝ペリーヌ、後のマリーヌ・ルペンだった。マリーヌは洗礼名であり、本名ではない。父は役所に「マリーヌ」で届け出ようとしたが、「そんな名前は、フランスにはない」と断られたという。

家族の結束が比較的固いフランスで、政治家の妻や子どもが政治に口出しをするのは、割と一般的である。シラクの場合、次女クロードが広報戦略を取り仕切った。サルコジの妻やオランドのパートナーは閣僚人事に口を出した。ルペンの場合も、特に三人の娘が政治や党務に深くかかわった。国民戦線の元幹部カール・ラングが「国民戦線は、国家の戦線でなく一家の戦線だ」と揶揄したほどだった。

ジャン＝マリー・ルペンの長女マリー＝カロリーヌ、通称カロは、姉妹の中で最も政治に強い関心を抱き、地方議員などを務めた。私生活では結婚離婚を経て、党の若手有望株フィリップ・オリヴィエと再婚した。

しかし、「小マキャベリ」と呼ばれた策謀家のオリヴィエはブルノ・メグレの片腕だった。メグレが一九九九年に新政党「共和国民運動」を立ち上げた際には、オリヴィエも党を割って参加した。カロも夫に従った。父にとって、許し難い裏切りである。父娘は激しく対立し、カロは以後、父や国民戦線と一切の接触を断った。夫オリヴィエはその後国民戦線に復帰し、マリーヌの側近の一人となったが、カロと父親との対立はその後も尾を引いた。

次女ヤンも、党本部で事務作業に携わり、地方選挙の候補者リストにも名前を貸した。国民戦線の中で彼女の存在が大きいのは、党の将来を担うと期待される最年少国民議会議員マリオン・マレシャル＝ルペンの母としてである。マリオンは、ジャン＝マリー・ルペンからは孫、マリーヌからは姪にあたる。

ヤンは、中東専門の著名な戦争ジャーナリストとの間に長女マリオンをもうけた。その二年後、ヤンは国民戦線幹部サミュエル・マレシャルと結婚し、マレシャルはマリオンを認知した。マリオンがマレシャルの姓を持つのはそのためである。

マレシャルもフィリップ・オリヴィエと同様に野心家で、二人のライバル関係は「娘婿戦争」と呼ばれた。オリヴィエを含めたメグレ一派が党を離れた後、マレシャルは党内改革派の中心となって活躍した。彼の功績は、彼がまだ党青年組織を運営していた一九九五年に編み出したスローガン「右でも左でもない。フランスだ」に象徴される。現在まで党の理念として引き継がれているこの言葉は、考案当初散々の評判だった。「国民戦線は右の政党」というのが党幹部の一般的な認識であったからだ。それを「右でもない」とは何事か。

しかし、この前後から党を取り巻く環境は大きく変化しつつあった。すでに述べた通り、北部旧炭鉱地帯を中心として、かつて共産党や社会党を支持していた労働者層が大挙して右翼支持に回る兆候が現れていた。マレシャルはその変化を感じ取り、これからの党の進む道は「右翼」でなく「左右に偏らないポピュリズムだ」と認識したのである。このスローガンは、二〇〇二年大統領選でルペンが使ったキャッチフレーズ「私は、経済では右、社会政策では左、国民としてはフランス的だ」に、間接的に結びついた。

ただ、マレシャルはその才気が逆にあだとなった。一九九九年、彼は地方紙『ウエストフランス』のインタビューで「フランスは多宗教社会になった。党もそれに応じて変化した」と述べた。移民二世や三世のイスラム教徒が国民の一部を形成する現実に対応した発言で、時代の要請を受けたものだったが、当時はまだ旧世代の勢力が強く、特にカトリック強硬派が反発した。マレシャルに対する警戒が一気に高まり、党内で彼は孤立した。彼は党から遠ざかり、二〇〇五年にヤンと離婚した後はビジネス界に転身した。

成長する三女

誰にとっても、普通は末っ子が最もかわいい。ジャン＝マリー・ルペンにとっても同じである。三人姉妹の中でマリーヌは唯一、父親に遠慮なく言いたいことを言える存在だった。学校の成績は優秀で、記述問題よりも口頭試問が得意だった。三人姉妹の中では最も政治に距離を置いた。パリ第二大学に入り、弁護士を目指した。

弁護士として活動を始めると、国民戦線の幹部や党員の弁護依頼が舞い込むようになった。その縁から、一九九五年ごろ以降彼女は党本部にしばしば出入りした。法律面での相談を受ける一方、姉ヤンとその夫サミュエル・マレシャル、後に二度目の結婚相手となる党選対スタッフのエリック・イオリオら同年代の党員らとつるんで、夜な夜な飲み歩いた。周囲はこの一群を「ナイト・クラブ集団」と呼んだ。

一九九七年、彼女は党中央委員に名を連ね、九八年には新設の党法律顧問に就任した。この年にはノール・パドカレ地域圏議会議員に選ばれ、政治家としての一歩を踏み出した。

ただ、彼女が最初から父の後継者と見なされていたわけではない。父は党首の座を誰にも譲る気配を見せなかった。「九十八歳まで生きて、頭痛の種を最後までみんなにまき散らし続けてやる」と側近に話していた。幹部らは幹部らで、それぞれの思惑でその後釜を狙っていた。マリーヌを迎えた党内の反応も、「ボスの娘だから仕方ないが、そのうち消える」という程度だっただろう。実際、姉二人は途中で消えてしまったのである。

マリーヌの当初の影の薄さは、最初に中央委員に就任した一九九七年の党内投票に表れた。幹部たちが次々と当選したのに対し、マリーヌの得票は伸びず、いったん落選した。怒った父は得票の数え直しを命じたが、何度やっても結果は覆らない。仕方なく、党首に割り当てられた任命枠を使って、父は娘を委員に押し込んだ。

二〇〇三年の党大会で、マリーヌは党の中枢を形成する執行委員に立候補した。しかし、反対派による投票操作もあって、ここでも三十四位を占めたに過ぎなかった。当時は「父が三十年もやってその後に娘、というのはないだろう」が党内の一般的な受け止めようだった。後継者はナンバーツーの幹事長ブルノ・ゴルニシュだと、多くが考えた。ゴルニシュはリヨン第三大学で学部長も務めた東洋法の専門家で、かつて京都大学に留学し、日本語やマレー語を流暢に話す。カトリック強硬派に属するものの、党内では人望を集めていた。

一方、マリーヌは二〇〇〇年代半ばごろから少しずつメディア露出を増やした。弁護士出身だけあって、彼女は弁が立つ。その能力を、出演したテレビでのインタビューや討論で発揮し始めた。若々しく、時には笑顔も見せるソフトな表情は、「差別主義者」「暴力的」といった右翼の従来のイメージを払拭した。マリーヌについていこうと、若者たちが集まった。

この間、マリーヌは一九九七年、党に出入りする家具レンタル業者と結婚し、翌年長女を、九九年には双子の長男と次女をもうけたものの、その年に離婚した。二〇〇二年には党幹部の一人エリック・イオリオと再婚した。いずれも、飲み仲間から恋愛に発展したパターンだった。イオリオとも離婚した彼女は、二〇〇〇年代半ばから当時の党書記長ルイ・アリオと親密な関係を築き、三度目の事実婚の相手として二〇一七年現在に至っている。

権力への道

マリーヌ・ルペンの意識の中で、権力への志向がどのようにして芽生えたのだろうか。最初に党にかかわったのは、父を助けたい一心からだっただろう。マリーヌは三人娘の中で最も父と多く接し、親しい関係を築いた。十四歳の時には、パリの下町二十区の区議選に立候補した父の遊説に一週間にわたって付いて回り、選挙の現場を垣間見た。そうした過程で、自分の中の父の姿と、一般に広く流布されている右翼の親玉としてのイメージとのギャップに、気づいたに違いない。党の正常化、過激なイメージの払拭が必要だと痛感し、旧態依然とした古参幹部を排除して若手が支える近代的なルペン像を築こうと考えただろう。

しかし、いつしか手段が目的と入れ替わってしまう。父ルペンは、子どものころに娘が思い描いたような優しいばかりの存在ではない。旧態依然とした部分を自ら持ちあわせた男である。党の正常化のためには、父をも批判し、乗り越える必要が生じてきた。

　彼女がはっきりと党首への道を決意したのは二〇〇五年だと、一般的に信じられている。この時父は、右翼紙『リヴァロル』のインタビューで「ドイツの（フランス）占領は、特段非人間的だったわけでもない」と述べて物議を醸していた。一九八七年の「ガス室」発言に続く失言である。怒ったマリーヌは執行委員会に辞表をたたきつけ、子どもを連れて姿を消した。父の故郷トリニテ＝シュール＝メールにある実家に九日間こもった後、自ら父の後継として党首選への立候補を決意したのだという。これは、多くのジャーナリストが伝えている逸話である。

　もっとも、実際の経緯はより散文的だろう。二〇〇五年に父親と衝突する前から、マリーヌの取り巻きたちは彼女を党首に据えるべく、準備を始めていた。

　マリーヌの周囲に集まった多くは、一九九九年の党分裂の際にブルノ・メグレに従って国民戦線を離党した若者たちである。彼らは、右翼活動を理論的に把握し、改革の精神に燃えて新天地に飛び出したものの、挫折を味わって国民戦線に舞い戻ってきた。

　筆頭は、義兄のフィリップ・オリヴィエだった。彼は、マリーヌの姉マリー＝カロリーヌとともに義父ジャン＝マリー・ルペンを裏切って離党したものの、一年あまりでメグレの活動に失望した。党に戻ってからも、さすがに義父と面と向かっては話せず、義父が帰宅して留守となった党本部にこそこそ出入りしていたという。周囲からも白い目で見られたが、「小マキャベリ」と呼ばれただけあって才気は相変わらずだった。ライバルの義弟サミュエル・マレシャルが党を去った後、フロリアン・フィリポの出現によって影響力を失うまで、スタッフの統率役を務めた。

他にも、オリヴィエと並ぶ参謀のエマニュエル・ルロワ、後にエナンボモン市長となるスティーヴ・ブリオワとその相方ブルノ・ビルドら、多くのマリーヌ側近はかつてメグレ支持者だった。彼らは、メグレが果たせなかった党改革の可能性をマリーヌに見たのである。

二〇〇七年春の大統領選で、父ルペンは惨敗した。決選進出はおろか、第一回投票で四位に沈み、前回から一〇〇万票近く得票を減らした。ルペン・ショックの再来を予想する声が少なくなかっただけに、その退潮ぶりが目立った。右派のサルコジに移民規制など国民戦線の主張を取り込まれ、支持層を切り崩されたのだった。

スキャンダルを暴く

この一件は、父ルペンにも世代交代の必要性を実感させたに違いない。マリーヌはこの年から北部のエナンボモンに居を定め、地方政治に本格的にかかわるようになった。単なる党首の娘にとどまらず、地に足をつけた政治家として、成長し始めていた。

大統領選後の十一月に開かれた党大会の中央委員を選ぶ投票で、マリーヌはゴルニシュに次いで第二位につけた。父はこの二人を、新設の副党首に任命した。ただ、二人の役割には大きな差がつけられた。マリーヌが国内担当、ゴルニシュは国際担当と位置づけられたのである。右翼であり、大した対外関係も持たない国民戦線にとって、その活動の多くは国内だ。これは、父が露骨に娘を優遇したと受け止められた。

次章で詳述する通り、マリーヌは以後、伝統的な右翼色を払拭する「デディアボリザシオン」（正常化、名誉回復）作戦を本格化させた。単に肯定的な党のイメージを流すだけののんきな広報作戦にとどまらない。私生活のパートナーである党幹部ルイ・アリオの下に監視チームを設け、マリーヌと敵対する党内外の動きを徹底的に洗い出し、攻撃を試みる情報活動も伴っていた。

その成果が、二〇〇九年の「フレデリック・ミッテラン事件」に結実した。元大統領ミッテランの甥にあたり、サルコジ政権で文化相に就任したばかりのフレデリック・ミッテランが、訪問先のタイで複数の未成年男児を買春した、との疑惑である。彼はこの体験を〇五年に出した自伝『悪い生活』に記していたが、誰からも注目されないままになっていた。その内容を国民戦線の監視チームが見つけ出し、マリーヌがテレビで暴露したのである。彼女はさらに「セックス・ツーリズム」追及のキャンペーンを張った。世間は大騒ぎになり、窮地に立たされた文化相は「確かに買春をしたが、相手は自分と同年代で、小児性愛ではなかった」と釈明した。

この活動は、国民戦線につきまとう差別的な印象を大いに薄め、逆に正義のために闘う姿をアピールすることになった。

一方で、マリーヌの党改革は、反発する古参幹部の離反も招いた。父ルペンやゴルニシュとともに党の中枢を担ってきたカール・ラングやジャン＝クロード・マルティネーズは、二〇〇八年から〇九年にかけて相次いで党を去った。それは結果的に、彼らの盟友ゴルニシュの党内影響力を削ぐことにつながった。

掲げる理念は「人権宣言」

二〇一一年一月十五日から十六日にかけて、国民戦線第十四回党大会が、中部ロワール河畔のトゥールで開かれた。すでにジャン＝マリー・ルペンはその前年に引退を表明し、マリーヌの党首就任を支持していた。

後継党首を選ぶ投票は、予想外の大差となった。

マリーヌ・ルペン　一万一五四六票
ブルノ・ゴルニシュ　五五二〇票

マリーヌの得票は六七・六五％に達した。執行委員、中央委員それぞれの選挙でもマリーヌ派が多数を占めた。

壇上に幹部が並び、観客席を支持者が埋める党大会の会場に、当選を決めたマリーヌが小走りで登場した。沸き上がる大歓声に手を振って応えた彼女は、就任演説に立った。敗れたゴルニシュと、名誉党首の立場に退く父に対し、敬意を表する。続いて彼女が持ち出したのは、フランス革命の理念を示した「フランス人権宣言」だった。

「国民戦線において、私たちは以下のものを想起したいと思います。一七八九年に出された『人間と市民の権利と義務の宣言』の第二条です。『すべての政治組織が目指すのは、人間の生まれながら備わった、奪うことのできない権利を守ることである。それらの権利は、自由、所有権、安全、そして抑圧への抵抗である』とあります。この四十年間を通じて、この原則を真剣に護持してきた者が、私たち以外にいたでしょうか。実際には全くいませんでした。この原則こそ、私たちの運動のＤＮＡの奥底に刻まれているのです」

「自由」「平等」「博愛」といったフランス革命の理念を守っているのは、国民戦線をおいて他にない。そう訴える言葉には、フランスの今後を担う決意と自信がみなぎっていた。

もっとも、この演説は一部の党員にとって衝撃的だっただろう。フランスの右翼の中には、革命と共和主義を否定する王党派が含まれていたからだ。父ジャン＝マリー・ルペンは一九八九年の演説で、人権宣言について「これがフランスの凋落の始まりだった。自然の摂理に基づいた、神の秩序を拒否することだった」と批判したことがある。右翼にとって、フランス革命の理念は敵対する存在だった。

それが、今や「DNAに刻まれている」というのである。父から娘への政権交代は、フランス革命の理念の否定から肯定への変化、偏見と差別の右翼から自由と人権の大衆政党への脱皮を意味していた。

ただ、その変化が本当に普通の政党になりたいのか、権力を手に入れるためのカムフラージュに過ぎないのか。見破るのは難しい。マリーヌ・ルペンと国民戦線に世論がなかなか気を許そうとしないのも、その真意が相変わらず不透明であるからだ。

国民戦線は以前から、救国の英雄ジャンヌ・ダルクをシンボルとして抱いてきたが、マリーヌが党首になってその傾向はより強まった。集会の会場にも、その肖像がしばしば掲げられる。支持者らは、マリーヌをジャンヌのイメージに重ね合わせる。もっとも、多くの人は彼女に、民衆を惑わせるポピュリスト、市民の自由を奪う権威主義者の姿を見た。

党首就任の翌年にあたる二〇一二年、マリーヌは大統領選に初めて立候補した。前評判は決して高くなく、せいぜい五位との見方が大勢だった。蓋を開けると、一七・九%を占めて三位である。その結果は、二〇〇七年にサルコジに散々痛めつけられた国民戦線の復調ぶりを表すとともに、大統領候補としてのマリーヌ個人の実力を示すことにもなった。

続いて、二〇一四年の欧州議会議員選挙で、国民戦線は社会党と右派「大衆運動連合」（後の「共和主義者」）を上回り、二四・八六%の得票を収めた。党はこの成果を「我々はフランスの第一党となった」と大々的に打ち上げた。国民戦線はもはや、泡沫でもなければ、抵抗に明け暮れるミニ政党でもなかった。偏狭な「右翼」の枠をいつの間にか打ち破り、大政党の風貌を有するに至ったのである。

第七章　悪魔は本当に去ったのか

マリーヌ・ルペン（右）と姪のマリオン・マレシャル＝ルペン

国民戦線の「正常化」

フランスのメディアでごく日常的に見かける単語「ディアボリザシオン」(diabolisation)は、日本語で相応の言葉を見つけるのが難しい。「悪魔」を意味する「ディアーブル」から派生した単語で、特定の人や集団、理念について、まるでそれが悪魔であるかのように否定的なイメージで描くことを意味する。直訳すると「悪魔化」だが、そのような日本語が存在するかどうか。少し砕けた言い方をすると「悪者扱い」というのが近いかもしれない。

「ディアボリザシオン」が頻繁に登場するのは、国民戦線に関する記述である。国民戦線は、自分たちを「ディアボリザシオン」の対象者、つまり世間から必要以上に悪者扱いされる被害者と位置づけてきた。「自分たちは、そんなに悪い人間ではないんだ。みんなよってたかって悪魔と見なす方が問題だ」というのが、国民戦線の幹部たちの言い分である。

一方で、国民戦線はディアボリザシオンの対象から脱しようとせず、あえて「悪魔」の地位に甘んじてきた節がうかがえる。周囲から非難されることによって醸成される被害者意識は、逆に内部の結束を固めることにつながっていたからだ。

ジャン＝マリー・ルペンはかつて、後に娘婿となる党幹部のルイ・アリオに「フランスで一番の嫌われ役を務めるのは難しいものだ」と漏らしたことがあるという。彼は、嫌われることで生じる人気を楽しんでいるようでもあった。嫌われ者には、嫌われ者ならではの役割がある。それに、嫌われることはしばしば、強さの裏返しでもある。好かれて埋没するより、嫌われて注目される方が、彼にとって都合がよかったのである。

しかし、マリーヌ・ルペンが推し進めたのはディアボリザシオン状態からの脱却を意味する「デディアボリザシオン」（dédiabolisation）だった。直訳すると「脱悪魔化」だが、「正常化」「名誉回復」ぐらいの訳語が適当だろう。彼女は、党の近代化、大衆化によって肯定的なイメージをつくろうとした。永遠の泡沫政党から、政権を担える政党へと、脱皮を図った。その闘いの矛先はまず、差別体質や暴力傾向が抜けない伝統的な右翼の面々に向けられた。

ナチス敬礼男を除名

国民戦線には、以前から「戦前ナチスに協力した連中の集まり」「差別的な言動をまき散らす政党」といったレッテルがつきまとっていた。実際、そのイメージはかつて、間違いとも言い難かった。しばしば幹部や党員、時に党首ジャン＝マリー・ルペン自身が放言や問題発言をやらかし、批判を浴びてきた。

しかし、正常化を試みるマリーヌは、こうした言動に対して厳しく接する方針を打ち出した。その一例が、マリーヌの党首就任後間もなく起きた「ガブリアク事件」である。

ネオナチ傾向の強い団体の旗を背に、ヒトラーへの敬礼のような真似をする若者の写真を、有力週刊誌『ヌーヴェル・オプセルヴァトゥール』の電子版が二〇一一年三月に掲載した。若者は、フランス中部ローヌ・アルプ地域圏議会で国民戦線の議員を務めるアレクサンドル・ガブリアクだった。まだ二十歳で、フランスの最年少地域圏議会議員として知られた党の若手有望株である。本人にとっては半分おふざけの写真だっただろうが、「国民戦線はやっぱりナチスだ」と批判が渦巻き、党も何らかの対応を迫られた。

翌月、ガブリアクの処分を決める党係争委員会が開かれた。マリーヌはたまたま休暇中で欠席した。彼女がいないのをいいことに、委員会はガブリアクに対して最も軽い「戒告」の処分を出した。対独協力派やカトリック強硬派といった伝統右翼の意向を反映した結論だった。

マリーヌはこの処分内容をバカンス先のタイで知り、かんかんになって帰国した。係争委員会を無視し、党首に与えられた除名権を使ってガブリアクを即刻党から追い出した。写真が本物であろうがなかろうが、この若者が有能であろうがなかろうが、関係ない。何より、党を挙げて邁進する「正常化」作戦を妨げたことが、マリーヌには許せなかったのである。党首の除名権は、父親が党首の時代に自らの権力を確保するために導入したのだが、それを娘が行使することになった。

「正常化」妨害に対するマリーヌの怒りは、自らと立場を異にする伝統的右翼に対してばかり向けられるわけではない。それは時に、側近に対しても容赦ない。重用していたスタッフを、ただ一言を理由に切り捨てる例も、しばしばである。

マリーヌの党首就任にあたって、平の党員からいきなり党政治局入りして周囲を驚かせたロラン・オゾンの場合が、その一例である。第五章に登場した副党首のフロリアン・フィリポがかつて左派陣営にいたように、パリ市消防局の職員だったオゾンも左派に近く、「緑の党」の活動家だった経歴を持つ。その時に仕入れた知識や発想をもとに、環境問題の専門家としてマリーヌの取り巻きの地位を得た。才気あふれる彼は、古代ギリシャ由来の欧州文明再興を掲げる新右翼の理論と生物多様性の概念を融合させ、「文化の多様性を確保するためにも、互いの境目を明確に定め、その間を行き来する移民を制限すべきだ」などといった理論を展開した。

しかし、オゾンが政治局員として活動したのは八ヵ月足らずだった。ノルウェーの首都オスロで二〇一一年七月、右翼かぶれの男アンネシュ・ブレイヴィクによるテロが起き、七十七人の犠牲者を出した。この事件に関して、彼はツイッターで「オスロの惨劇の説明。それは移民の爆発状態だ。この憎むべき行為は、ノルウェーの現状の文脈で分析されなければならない」とつぶやいたのである。何であれ、テロ行為の正当化をほのめかす発言を、マリーヌは許さなかった。それまで飛ぶ鳥を落とす勢いだったオゾンは辞任し、党を離れた。
マリーヌのこの厳格さは、党の正常化を内外に示すと同時に、彼女の独裁的な権威体質を意図せずしてさらけ出すことにもなった。その意味は次章で考えたい。

蒸し返された失言

マリーヌが目指す党の正常化は、ある意味で父の否定でもあった。二人の間が早くも二〇〇五年にぎくしゃくしたのは、前章で述べた通りである。ただ、一一年にマリーヌが党首に就任してからしばらくの間、二人は少なくとも表面上、和気あいあいとやっていた。娘が党首として順調に物事を差配し、支持率を上げていく一方で、父親は急に老け込んだように見えた。私は一三年九月、ストラスブールの欧州議会本会議場の議員食堂で父ルペンと昼食を共にしたが、彼は食いっぷりこそ相変わらず旺盛な一方で、好々爺《こうこうや》かと思えるほど穏やかで丸くなっていた。その姿に少し驚いたものである。

ところが、衰えたと思われた彼の闘争心は、マリーヌとぶつかることで再び燃え上がった。それが、父と娘との決裂につながった。

父ルペンは、二〇一五年十二月に実施される南仏プロヴァンス・アルプ・コートダジュール（ＰＡＣＡ）地域圏議会選への立候補を予定していた。伝統的に右翼支持の強い地方で、もし勝てば、州知事にあたる地域圏議会議長の座を得る手はずだった。勝利の可能性は十分ありそうで、長年の彼の政治人生を締めくくる花道となるはずだった。

その準備が本格化する四月、父ルペンは「ＲＭＣラジオ」（ラジオ・モンテカルロ）に出演した。ＲＭＣはフランスで最も影響力の強いメディアの一つであり、特に南仏でリスナーが多い。父ルペンにとっては、それを見通しての事前運動である。

しかし、司会者が持ち出したテーマは、一九八七年にルペンが引き起こした「ガス室」発言だった。恐らく、当時の騒ぎを蒸し返すことで話題をつくろうとしたのだろう。「後悔しているか」と畳みかけた。これに対し、ルペンは「全然していない。ガス室は戦争の歴史の中の細部だ。これを利用して私をおとしめようとする人が私を反ユダヤ主義などと言う」と応じた。年寄りは誰でも、昔の自分を否定されると気分を害する。父ルペンも、ムッとして過去の立場に固執したに違いない。

その後の展開は、二十八年前と同じだった。

「何百万もの死者を細部というのか」

「何百万の死者の話ではない。ガス室のことだ。確認したい。私が話しているのは、死者の数ではない。装置だ」

話はかみ合っていないが、再度のスキャンダルであるのは間違いなかった。メディアは一斉に、発言を糾弾した。国民戦線にとっても、せっかく進めてきた正常化作戦がおじゃんになりかねない。若手は反発し、特にマリーヌは怒った。「意図的な挑発だ」と父を非難した。

さらに輪をかけたのが、その一週間後に発行された週刊紙『リヴァロル』でのインタビューである。この新聞は右翼最強硬派が運営しており、マリーヌの正常化路線を強く批判する論調で知られる。父ルペンはここで、自らのガス室発言を擁護するとともに「ペタンを裏切り者だと思ったことは一度もない」などと述べた。ペタンとは言うまでもなく、対独協力ヴィシー政権を率いた元帥フィリップ・ペタン（一八五六―一九五一）であり、ナチス擁護と受け取られても仕方ない発言だった。党内外からの批判はさらに強まった。

その急先鋒は、副党首フロリアン・フィリポだった。ラジオで「いつ出ていくべきかをわきまえるべきだ」と引退を勧告し、場合によっては除名もあり得ると主張した。

マリーヌは父に対し、地域圏議会選への立候補を断念させるとともに、党員資格を停止することで、問題を収拾した。しかし、これを機に父と娘との確執が顕在化した。父は「大統領選でマリーヌの勝利を望まない」と公言した。亀裂はどんどん広がり、ついに二〇一五年八月、党執行委員会は父を除名した。

祖父を引き継ぐマリオン

どこの先進国の右翼政党もそうだが、発足の際には雑多な勢力が参加する。その中には、先鋭的な分子や暴力的な集団も含まれる。多くの場合、世の中が変化するにつれて、彼らの角も取れる。そのいくつかは民主主義の制度の中に包含され、やがて埋没する。そうでない尖ったままの連中は、社会から次第に孤立し、相手にされなくなる。

国民戦線がたどってきた道も、大枠ではそのような流れの中に位置づけられる。かつて、党内の武闘派を押さえ込んで議会制民主主義の中で活動していく方針を定着させたのが、父ジャン＝マリー・ルペンである。すなわち、最初は父が穏健化の旗手だった。なのに時代が変わり、マリーヌが旗振り役を務める「正常化」作戦で、父は淘汰される側に回されてしまった。

国民戦線を除名された父ルペンは、その後自らの政治団体を立ち上げ、マリーヌに対抗する姿勢を示した。ただ、その運動は古き良き右翼へのノスタルジーを元にしており、大きな流れにはなりそうにない。

国民戦線には、党内にとどまったもののマリーヌより父に親近感を感じる人々も、カトリック強硬派を中心に相当数いる。彼らを束ねる象徴として近年期待を集めるのが、ジャン＝マリーの孫、マリーヌの姪にあたるマリオン・マレシャル＝ルペンである。

彼女は、マリーヌの次姉ヤンの娘であり、美人で聡明、政治的なセンスも良いと評判だ。二〇一二年総選挙で当選し、フランス史上最年少二十二歳の国民議会議員となった。小選挙区制で国民戦線が当選するのは極めて難しく、公認候補としては唯一の例でもあった。家族を重視する価値観を抱き、人工中絶にも反対する、いわゆる伝統的な「右翼」だと見なされている。副党首フィリポら左派から来た幹部らとは、当然ながらそりが合わない。

党を事実上仕切るフィリポも、彼女に対しては強く出られないでいる。二〇一六年十二月、人工中絶に対する党の方針を巡ってこの二人は対立し、マリオンはフィリポを新聞のインタビューで公然と批判して物議を醸した。それがマリオンに許されるのも、「ルペン」という名のおかげだろう。党内でルペン一家は王家であるから、少々の内紛があってもおかしくない。ただ、権力という目標はマリオンにもフィリポにも共通しているから、決定的な衝突には至っていない。

同性愛も容認

マリーヌが進める「正常化」は、単に「問題発言を封印する」といったイメージ戦略にとどまらない。党内部の意識改革も伴っている。その一つが、同性愛の受容である。

熱心なカトリックにとって、同性愛は長年にわたってご法度だった。カトリック強硬派が大きな影響力を持つ国民戦線でも、同性愛はタブー視されてきた。先代党首ジャン＝マリー・ルペンは「同性愛は、犯罪ではないにしても、生物的社会的に普通ではない」と発言し、批判を受けたことがあった。

一方で、異端視されがちだった同性愛者が社会の中で次第に存在感を増してきたのも確かである。彼らの権利に対する理解も進んできた。フランスでは同性愛者同士の結束が政治的に力を持つようにもなった。二〇〇一年の統一地方選では、長年保守の牙城だったパリ市政が社会党に移り、ベルトラン・ドラノエが市長に就任したが、大きな原動力となったのが同性愛者からの支援だったといわれる。ドラノエ自身も同性愛者であることを公表していた。

マリーヌ・ルペンは、このような社会の変化を敏感にかぎ取ってきただろう。ただ、彼女が同性愛者擁護の立場を打ち出したのは、単に時流に乗っただけではない。積極的な戦略価値を見いだしてのことである。すなわち、同性愛を認めることは、イスラム主義に対する強烈な反撃となり得るからである。

カトリック以上に、イスラム教徒にとって同性愛のタブー度は強い。中東のイスラム教の国家では、現在でも同性愛がしばしば犯罪として扱われる。したがって、かつて党内でタブー視された同性愛は、「イスラム的な価値観の浸透に脅かされる欧州市民の権利」としての性格を帯びてきた。党首就任直前の二〇一〇年十二月、マリーヌはリヨンでの演説で、イスラム主義が広がる移民街を槍玉に挙げて「いくつかの地区では、女性であること、同性愛者であること、ユダヤ人であること、ましてやフランス人や白人であることだけで不快に過ごさざるを得ない」と述べ、同性愛者を擁護すべき存在だと位置づけた。これは、かつて左派支持者が多かった同性愛者の間で、国民戦線支持を増やすことにつながった。

党内で同性愛が市民権を得たのは、スキャンダルがきっかけだった。二〇一四年三月、マリーヌの本拠、フランス北部エナンボモンの市長に当選したばかりのスティーヴ・ブリオワが同性愛者だと、メディアが報じたのである。パートナーは、政治活動の盟友であるブルノ・ビルドだった。その時はまだ「国民戦線すなわち反同性愛」といった認識が世間で一般的だっただけに「国民戦線の幹部であることと同性愛であることは両立し得るのか」などといった興味本位の議論が関心を呼んだ。

同じ年の十二月、党ナンバーツーの副党首フロリアン・フィリポも実は同性愛者であると、写真週刊誌『クローゼル』が報じた。記者会見したフィリポは、私生活を暴露した週刊誌を非難するとともに、報道内容を認めた。党内で窮屈に感じないのか。そう問われて「全くない。国民戦線は何でもありだ」と答えた。

副党首まで同性愛者なら、これを白眼視する根拠もなくなる。現在もなお同性愛に対する偏見は党内で根強いものの、それを公言しにくくもなってきた。実際、支持者の中にも同性愛者が急増し、有力な支持基盤となってきているのが現実である。

パリ政治学院政治研究センター（CEVIPOF）は、二〇一五年十二月の地域圏議会選で同性愛者のカップルが取った行動を調査した。その結果、三四・六六％が左派に投票したのに対し、これに匹敵する三二・四五％が国民戦線に投票していた。一二年の大統領選では、彼らの左派への投票が約半数を占めたのに、国民戦線への投票は一九・五％に過ぎなかった。わずか三年あまりで国民戦線は同性愛者の間に浸透し、支持を倍近くに増やしたのである。

テロの脅威と欧州の理念

国民戦線は「遅れた政党」から「普通の政党」に追いついただけではない。左右両大政党を追い越して「開明的、先進的な政党」としての地位を獲得しつつある。その傾向に拍車をかけているのが、欧州で相次ぐテロとイスラム主義の波である。

二〇一五年の風刺週刊紙『シャルリー・エブド』襲撃事件とパリ同時テロ、一六年のブリュッセル連続テロとニースのトラック暴走テロは、イスラム過激派に対する恐怖感を市民の間に浸透させた。また、イスラム教徒の若者らの間に広がるイスラム主義も、人々の不安を高めつつある。公立学校でスカーフ着用を要求する女性、妻を診察した男性医師を脅迫する男、学校でのプールの授業を男女で分けるよう要求する保護者ら、イスラム主義に基づく過激な行為がニュースになるたびに、言論の自由や男女平等、政教分離といった欧州の普遍的価値が脅かされるのでは、といった不安が広がる。国民戦線は、女性を抑圧するイスラム主義、言論の自由を脅かす過激派テロと対峙し、「自由」「平等」「博愛」といったフランスの理念や欧州の価値観を守る存在として、人々の前に立ち現れている。

二〇一七年二月四日と五日、マリーヌ・ルペンは選挙戦の始まりを告げる決起集会を、フランス第二の都市リヨンで開催した。ここで彼女と党が焦点と定めたのも、イスラム主義の脅威だった。マリーヌ・ルペンは一時間十分にわたる閉幕の演説で、イスラム主義を、グローバル化とともにフランスを脅かす存在として位置づけた。

「グローバル化は交易の増大をもたらすがゆえに、『経済グローバル化はどんな制限も規制も受けない』といった考えを生み出している。その結果、国家が自らを守ろうとする免疫力が減退する。国境、自国の通貨、経済を統制する法制度の権威などといった国家の構成要素が骨抜きにされる。そこから生まれ増幅するのが、もう一つのグローバル化現象、すなわちイスラム原理主義である」

「二つのイデオロギーがフランスを服従させようとしている。一つは、グローバル化された金融、つまり商売万能主義の考えだ。もう一つは過激なイスラム教、つまり宗教万能主義である。この二つの全体主義を前に、私たちの自由、私たちの国が脅かされている。もはや、天使のように構えている時でも場合でもない」

会場を埋めた何千もの支持者が立ち上がって歓声を上げる。陣営の選挙戦スローガン「民衆の名の下に」と書かれた旗を振る。彼らは大義を胸に抱いている。攻め来たるグローバル化とイスラム主義から、自らの国家、長年培ってきたフランスの理念を守るのである。単なる私益や勝手な都合のために行動するのとはわけが違う……。

では、国民戦線は本当に、市民のために闘う政党となったのか。欧州の理念を守り、伝える役割を期待していいのか。人々の耳に心地よい言葉を節操なくささやいてきた大衆迎合政党の国民戦線は、国家の危機を前に心を入れ替えたのか。

マリーヌ・ルペンが国民戦線の党内で頭角を現した二〇〇〇年代半ば以降、記者会見の場やパーティーの席上で、私は何度か彼女の話を聴いていた。ただ、単独で会見する機会はなかなか得られないでいた。それが実現したのは、二〇一五年のことだった。

第八章　分断、排除、ノスタルジー

国民戦線が2015年に開いた集会で、壇上のマリーヌに歓声を送る支持者たち

マリーヌとの会見

マリーヌ・ルペンがインタビューに応じたのは二〇一五年一月十三日である。パリの風刺週刊紙『シャルリー・エブド』編集部襲撃事件から六日後にあたり、厳戒態勢のフランスは緊張感と陰鬱な空気に包まれていた。欧州議会議員の彼女は、本会議場のあるフランス東部ストラスブールで一時間を割いてくれた。

殺風景な議員控え室で向き合った彼女は、しかし予想通りエネルギッシュで、「勢いのある新興企業の社長」といった雰囲気を醸し出した。不快であろう質問にも動揺せず、正面から反論する。移民排斥を訴える主張、標的に対する容赦ない態度も相変わらずだ。一方で、礼儀正しく明瞭で、自らの訴えが理解されないことを素直にぼやいた。

話は自然と、テロから始まった。彼女は、背景としてのイスラム主義を糾弾した。

「イスラム原理主義が我が国に浸透していると、私たちはずっと以前から警告してきました。彼らは、国土の一部を占拠し、犯罪組織とつながりを持ち、世俗社会を尊重しません。自由なフランスの理念に対し、全体主義の立場から宣戦を布告しているのです」

「テロは手段に過ぎません。テロを生み出す理念こそが問題なのです。原理主義はイスラムのがん細胞です。摘出しないと健康な細胞まで侵し、どんどん増殖する。フランス社会を分裂させ、自分たちだけの社会を内部に形成しようとする。そうなれば、政教分離の原則は崩壊するでしょう。政治は長年、この現実に目をつぶってきました」

彼女は特に、欧州間の人や物の移動の自由をうたう「シェンゲン協定」を批判し、「協定で廃止された国境管理を復活させ、移民の流入を止めなければなりません」と力説した。

ただ、『シャルリー・エブド』襲撃事件の容疑者たちは「移民の子孫」であるものの、「移民」ではない。フランスで生まれ育ち、フランス国籍を持っている男たちである。

「いいえ。彼らはフランス人になることができた、というだけです。『シャルリー・エブド』を襲撃したクアシ兄弟の両親はアルジェリア人ですが、兄弟自身はフランス国内で生まれたというだけの理由で、自動的にフランス国籍を取得しました。国籍へのもっと厳しい条件を課さなければなりません。ハードルが低すぎるから、移民も殺到し、フランス人から雇用などの権利を奪うようになるのです」

「国籍法の改定も欠かせません。二重国籍を廃止すべきです。祖国は一つしかあり得ない。どちらかを選ばなければなりません」

二重国籍禁止というと、日本の制度がそうである。日本では、国内で生まれただけだと国籍を取得できない。

「私たちが求めるのは、まさにそのような制度なのです。出生地主義の廃止です。フランス人は、フランス人の親から生まれるか、フランスに帰化するかだけ。帰化自体は否定しませんが、そのためには罪を犯さず、規則と価値観を尊重し、フランス文化を共有し、運命を共にする意思を持つ必要があります」

日本で国籍取得が極めて難しいことは、国民戦線の支持者の間でも比較的よく知られている。党内部で日本の評判はすこぶるいい。喜ぶべきかどうか。

味方と敵、私たちと彼ら

もっとも、あたかも降りかかった災難のように移民問題を語る国民戦線の態度には、疑問を抱かざるを得ない。何より、移民問題は外からやってきたというより、自ら招いた側面が強いからだ。労働力として移民を求めたのはフランス自身であり、その背景には財界の意向が強く働いていた。その点を問い詰めると、彼女は急に神妙な顔つきになった。

「確かに、指摘される通りです。フランスの経済界は、給料を下げようとして、四十年にわたって移民を利用し続けてきたのです。今、そのツケをみんなが払わされている。こんなことは許せません」

フランス人は正しい。移民が悪い——。そのような善悪二元論は、わかりやすいが、ごまかしも多い。そもそも、移民の定義も曖昧で、フランス人の四分の一前後は三代さかのぼると移民、との調査もある。移民には移民なりの論理がある。フランス人がみんな正しいわけでもない。しかも、彼女はその主張で「移民」「移民の子孫」「難民」を都合良くごっちゃにして攻撃しているように見える。

国民戦線は「私たち」と「彼ら」、「いい人」と「悪い人」を分けて考えすぎているのではないだろうか。まるで、敵味方がはっきりしたハリウッド映画のようですね。そう皮肉を言うと、マリーヌは反論した。

「私たちの活動の基本は愛国主義です。だからこそ、『私たち』と『彼ら』を分けるのです」

「何より国民が優先されなければなりません。雇用や住宅供給で、フランス人が有利に扱われるべきです。現状は、不法移民が優先されて、これらのサービスを受けていますから」

かつて世界は、右と左、西と東に分断されていた。彼女は今、自分の流儀で社会を新たに二つに分断したいように見える。彼女はその野心を否定しなかった。

「その通りだといえます。フランスの有権者は三十年にわたり、右が嫌になったら左を、左がだめなら右を、という選択を強いられてきた結果、似たような政治が続いたのです。もっと本当の選択肢を示す必要があります」

「現代の世界を二分するのは、国家かグローバル主義かです。繁栄と治安とアイデンティティーを守るために国家を重視する考えと、国家など消え去ってしまえという考えとの対立です。一方に私たちのような国家重視の政党があり、もう片方には右派政党や社会党や『緑の党』があるのが、民主主義の選択の幅というものです」

多様な社会を無理やり白黒の二つに分類するのは、ポピュリストの発想に他ならない。

「民衆の、民衆による、民衆のための政治をポピュリズムと呼ぶなら、私はポピュリストです。その言葉が侮蔑的な意味を持とうが、気にしません。今の政治は逆に、民衆を侮りすぎています」

一方で、マリーヌはこの分断が、従来の人種差別や民族差別とは異なる点を強調した。

「『私たち』が示す中身は、一様ではありません。例えば、フランスは海外領土を持っていますが、そこに暮らしているのはフランス人であり、私たちが守ろうとする対象です。肌の色がどうであろうと、宗教がどうであろうと、関係ない。フランス人はフランス人であり、私たちは彼らを守ります」

この主張は、意外に映るかもしれない。国民戦線に人種優位、白人至上主義のイメージを抱く人は少なくないからだ。

確かに、以前の党内にはそのような意識を持つ人がいた。特に、戦前戦中にナチス・ドイツを支持した人々の間では、人種にこだわる傾向が強かった。しかし、少なくとも現在の国民戦線で、人種や民族を表立って問題にする声は耳にしない。

前章で説明したように、「デディアボリザシオン」と呼ばれる党の正常化、大衆化を進める過程で、国民戦線は人種差別的な要素を払拭するよう努めてきた。それが、政権を目指す上で不可欠の取り組みでもあった。北アフリカ系や黒人ら、人種民族の多様性を示す人物を党内に引き入れ、あえて前面に出すことで、開かれた党であることをアピールした。

人種・肌の色は問わず

その試みは、先代ジャン＝マリー・ルペンの時代から始まっていた。二〇〇七年の大統領選に向けて党が作成したパンフレットは、その初期の例である。左派と右派の主要政党双方を批判する内容で、文言自体は「国籍、同化、社会的地位向上、政教分離を、右派と左派はみんなめちゃくちゃにした」と、右翼のスローガンとしては予想の範囲内だった。目を引いたのは、その文言の背景に立って告発ポーズを取る若い女性である。浅黒い肌、縮れた髪で、北アフリカからの移民系だと一目でわかる。こうした人物を登場させることで、国民戦線は白人だけの党ではないことをアピールしたのである。

一九九〇年代後半から国民戦線の活動に参加したファリド・スマイは、その試みを象徴する人物だった。アルジェリア移民二世としてリヨンに生まれたイスラム教徒で、「私はアラブ人で、イスラム教のラマダン（断食）を実践し、ルペンに投票する」が口癖だった。イルドフランス地域圏議会議員や党政治局員も務めたが、熱心なパレスチナ支援者だったため、イスラエルとの関係修復を目指すマリーヌの方針に反発して二〇一一年に離党した。

彫りが深く一目でアラブ系とわかるスマイは、国民戦線の広告塔の役目を担っていた。彼がいることで、党に残る人種差別体質がカムフラージュされたのである。

その成果もあって、国民戦線は移民やイスラム教徒の間にも少しずつ浸透した。スマイが二〇一二年にテレビで語ったところだと、フランスで数百万人いるイスラム教徒の約一五%が国民戦線に投票しているという。具体的なデータに基づいた推察ではなく、彼の感触に基づく見立てに過ぎないが、もし当たっているとすると、その年の大統領選でマリーヌ・ルペンの得票が一七・九%だっただけに、フランス人全体の支持率と大差ないことになる。

マリーヌはイスラム主義をしきりに攻撃するが、イスラム教そのものやイスラム教徒に対する批判は口にしない。「自由」「平等」「博愛」の理念を受け入れ、政教分離の原則を尊重する限り、イスラム教徒であることとフランス人であることは全く矛盾しないと考える。境目は、どんな宗教を信じるかではなく、フランス人であるかどうかである。

フランスでは、人種や宗教にこだわる世論が陰でまだ根強い。二〇一五年九月には、サルコジ政権で家族問題担当相を務めた右派最強硬派の女性ナディーヌ・モラノが、出演したテレビで「フランスは白色人種の国だ」と漏らす出来事があり、人権団体からの厳しい批判を招いた。そのような面々に比べると、マリーヌはより近代的、より理性的に見える。では、分断の基準を人種や宗教でなく、「フランス人であるかどうか」に置けば、一件落着か。そういうものでもないだろう。「分断」を政治の中心に置き、すべてを二つに分ける発想自体が、大きな問題を宿している。

敵と味方とを明確に区別する二分法は、ポピュリズムに共通する傾向である。米国のトランプは、すべての人物を「善良な米国人」と「悪質な不法移民」に分類し、悪者を退治するよう米国人に結集を呼びかけた。そこにあるのは、多様性を持った一人ひとりの市民の顔でなく、「善玉」「悪玉」という記号だけである。マリーヌ・ルペンの言動も、同じ論理に沿っている。もちろん、グローバル化に適応する意識と国家の枠組みを重視する考えとの対立軸は、マリーヌがつくり出したものでも何でもなく、以前から存在する。ただ、彼女はその亀裂を、さらに広げようと試みている。

「分断」することが、肯定的な側面を持たないわけではない。ポピュリズムに評価すべき要素は少なくないが、その一つは、複雑な世の中を単純化して示すことで、専門知識や強固な判断力を持ち得ない人々の政治参加を促すことである。政治は普段、専門家やエリート、インテリばかりで進められがちである。そこから取り残された市民の意識を結集し、一つの政治勢力にまとめる営みこそ、ポピュリストの真骨頂である。ポピュリズムなき政治は、一部の特権階級、エスタブリッシュメントばかりが物事を決するエリート独裁に陥りかねない。

一方で、彼らの分断手法は、多くの場合単に対立軸を示すにとどまらない。一方を味方、もう一方を敵と、明確に定めるのである。これは、一つ間違うと多様性を捨て去り、少数派を切り捨て、特定の集団や個人をスケープゴートとして攻撃することになりかねない。分断と排除は紙一重だ。そこに、ポピュリズムの最大の危険性が潜んでいる。

国民戦線の歴史自体が、敵を定めて攻撃することの連続だった。最初、その対象は主に「共産主義」や「ソ連」、それに、内々ではあるが「ユダヤ人」だった。表で大っぴらにソ連を非難し、裏ではこそこそユダヤ人の悪口を言っていた。冷戦構造が緩み、ナチス協力者たちが年老いると、標的を次第に「移民」や「ＥＵ」に移した。そのたびに社会は分断され、排除される人々が生まれてきた。

パリ政治学院教授のパスカル・ペリノーはこう語る。

「国民戦線は、フランスを統合するのではなく、分断し、社会の内部の紛争をあおろうとします。だから、依然として危険な存在なのです。フランスに必要な政党だとは思えません」

昔は良かった

国民戦線がユダヤ人、共産主義、移民、ＥＵといった標的を定めてきた背景には、これらが登場する以前の世界を理想化する意識が透けて見える。フランスは古来、素晴らしきパラダイスだった。後からやってきた移民だのEUだの邪悪な勢力が、祖国を蝕んでいる。フランス人一丸となってこれらの敵を排除すれば、素晴らしい国を復活させられる――。

これが詭弁に過ぎないのは、言うまでもない。そんな理想郷など、フランスに一度も出現したことがない。フランスは、昔からいろんな問題を抱えつつ、それなりに評価されるべき国家であり続けた。現在もそれは同じである。常識を備えた人間なら、誰でもわかる。

しかし、そう主張する国民戦線に多くの支持が集まるのも確かである。「昔は良かった」というノスタルジーは、閉塞感に包まれた人々の琴線に触れるのだ。それが単なる幻想だとわかっていても、である。夢を語られると、誰も悪い気はしない。

フランスが危機に包まれるほど、夢にすがる人々の気持ちも強くなる。国民戦線が危機の時代に増殖するのは、このためだ。希望に乏しい将来を、幻想とはいえ、夢に包んでくれる。その快適さが、マリーヌ・ルペンと国民戦線の支持につながっている。

これは、米国でトランプが「偉大な米国をもう一度」と主張しつつ大統領選で当選を果たしたのと同じである。

トランプは変革を志向する言説を振りまき、既存の秩序からの脱却を打ち上げる。しかし、その改革姿勢は見せかけに過ぎない。トランプが求めるのは、変化よりも過去への回帰である。有権者も、実はそれをわかっていて彼に投票した。

このように古き良き時代を懐かしむ人たちの立場を、トランプは代表してきた。好戦的で差別発言を連発する一方で、彼はスーツとネクタイを忘れず、きちんとした身なりを保つ。華やかで幸せそうな家族写真をばらまき、「失われた安定と秩序を取り戻せるのは私だ」というイメージを演出する。マリーヌの言説と同様に、実際にはそんな理想郷がかつて米国に存在したかは甚《はなは》だ怪しいのだが。

米国で逆の価値観を示してきたのが、二〇一六年のノーベル文学賞に選ばれた歌手のボブ・ディランだろう。この二人は、単にトランプが右でディランが左、といった政治的立場の違いにとどまらない。かなり乱暴な分類をすると、二人が象徴する世界は、欧米現代人のライフスタイルに影響を与える二大潮流をつくってきた。

紳士風でマナーをわきまえたトランプとは異なり、ボブ・ディランは自由で、わがままで、扱いにくそうだ。大事にするのは、表面的な人間関係や礼節よりも、自らの信念である。いつもラフな格好で、礼儀正しく振る舞う時も無礼さを忘れない。

ボブ・ディランが登場した一九六〇年代、米国では公民権運動やベトナム反戦運動が盛り上がった。既存の秩序に疑問を抱き、安定よりも自由、理性より感性を指針とする世代が台頭した。髪の毛を伸ばし、遠慮せず、従わず。若さ、反戦、無責任。そのメッセージは世界に広がり、一九六八年のフランスの学生運動「五月革命」の反抗心と呼応した。市民意識を覚醒させる流れをつくり、影響は今や社会の端々にまで染みついた。

このような風潮への反発も、トランプやルペンの流れを支えている。若さに任せた身勝手な言動を野放しにしていいのか。世の中に必要なのは、やはり規律と責任感だ。多少窮屈でも、落ち着いて暮らせる社会こそを取り戻さねば——。その訴えは、もう若くない人々に感銘を与える。グローバル人材として闊歩する若手に反感を抱く同世代の若者たちにも響く。

米国にまだ活気があったころ、多くの人がボブ・ディラン的な価値観を志向した。彼らは自らを外に開き、多様性を受け入れようとした。人々がいつの間にか閉鎖的になり、仲間内だけのノスタルジーに浸るようになったのは、米国がそれだけ老いたからだろう。それはフランスも同様だ。マリーヌにすがる気持ちの奥には、現状に疲れ、過去を理想化して閉じこもろうとする気分が満ちている。

昔を懐かしむのは心地よい。その間に、社会はますます老いるだろう。

第九章　ワシントン・パリ・モスクワ枢軸

ロシアに併合されたウクライナ・クリミア半島のシンフェロポリにある土産品店。プーチンのグッズを売っている

ポピュリズムより危険な理念

マリーヌ・ルペンと国民戦線が進める「正常化」は、党の近代化、大衆化を目指している。その道の向こうに彼らが見るのは、もちろん政権獲得である。

では、国民戦線がこのような過程を経て、社会党や右派「共和主義者」と同じような「普通の党」になるだろうか。際物の右翼としての評価を脱し、ナショナリズムを標榜しつつも政党政治の枠組みに溶け込み、フランス第五共和制の政界地図の一区分として他党と政策を競い合う健全な関係を築けるだろうか。

どうも、それは怪しい。「伝統回帰」と「分断」「排除」に基づく彼らの理念には、依然として信用できない面が残る。

それは、彼らがいわゆるポピュリズム（大衆迎合主義）だけでなく、もっと危険な理念も抱えていると考えられるからだ。

ポピュリズムの定義は難しいが、一般的には民主主義の影であり、鬼っ子であると見なされている。民主主義の制度が存在するからこそ、大衆への迎合という戦略が可能になり、ポピュリズムが育つ余地もできる。安定した社会では政治がプロ化し、エスタブリッシュメント、エリート、知識層や官僚たちといった特定の層だけが権力を握る。少なくとも、一般の目にはそう映る。ポピュリズムはこれに対し、政治の場から排除されがちな庶民の声を汲み上げる機能を持つ。国民戦線は、フランス社会で曲がりなりにもその任を果たしてきた。ただ、多くの政党がそうであるように、国民戦線の内部にも複数の発想や意識が混在している。ポピュリズムだけで党が成り立っているわけではない。

すぐに思いつくのは、ポピュリズムと同様に党の内部で大きな比重を占める「ナショナリズム」の存在である。ポピュリズムとナショナリズムは、似て非なるものである。ナショナリズムと結びつかないポピュリズムが可能なのは、スペインで急速に台頭して左右二大政党に次ぐ勢力となった左派ポピュリズム運動「ポデモス」や、米大統領選の民主党候補者選びで旋風を巻き起こしたバーニー・サンダースの例を見てもわかる。一方、ポピュリズムと結びつかないナショナリズムは、日本の街宣右翼やヘイトスピーチに見られる。国民戦線やオーストリア自由党など欧州の現代右翼政党の場合、ポピュリズムとナショナリズムが融合しているに過ぎない。

国民戦線の内部や周辺には、様々な形のナショナリズムが浮遊している。ネオナチに近いもの、白人優先の排他的な考えを持つものも交じる。フランスの若手政治学者ジョエル・ゴンバンはその著書『国民戦線』で、その全体像を「右翼フィールド」と名付けた。ここで、マリーヌ・ルペンを含む党幹部らは右翼強硬派の何人かとの関係を保ち続けているという。

マリーヌは党の正常化、大衆化を進めてきたが、だからといってナショナリズムや右翼と完全に決別したわけでもない。

もっとも、ナショナリズム自体をタブー視するのもおかしな話である。確かにナショナリズムは危険な面を持つものの、グローバル化が進む世界だけに、国家の役割とそのあり方を再定義する理論はもっと検討されていい。健全なナショナリズムがあり得るか。あるならそれはどのような形か。オープンに話し合うべきだろう。

国民戦線に内在する様々な性格の中には、ナショナリズム以上にややこしそうなものがある。それが「権威主義」である。

マリーヌに浮かぶ強権体質

世界には、ポピュリズムに似て、ポピュリズムとやや異なる政治手法がある。

ポピュリズムは、一般的に明るい。明るくなければ大衆の支持を集めにくいからだ。かくして、トランプも本心はともかく明るく振る舞い、本気で怒る無粋《ぶすい》な姿を見せたりはしない。ジャン＝マリー・ルペンは罵詈雑言を浴びせかけることで、周囲を大いに笑わせてきた。連合王国独立党（ＵＫＩＰ）の党首として英国を欧州連合（ＥＵ）離脱決定に導いたナイジェル・ファラージも、芸人のごとくジョークやはったりを連発し、周囲を楽しませる。

ところが、洒落たポピュリストの一群とは別に、しかめっ面をしているヤボな政治家たちがいる。ロシア大統領プーチン、トルコ大統領エルドアン、ハンガリーの首相オルバン、ポーランド与党党首カチンスキといった面々である。大衆人気を背景に政権を運営している点では、ポピュリストのように見えないでもない。にもかかわらず、「大衆迎合」よりも陰湿で強圧的な雰囲気を醸し出している。彼らはしばしば「権威主義者」と呼ばれる。

マリーヌ・ルペンには、ポピュリズムの性格とともに、この「権威主義」的側面がうかがえる。彼女はそもそも、ハチャメチャな行動で笑いを振りまく「ポピュリスト」とは異なる側面を持っている。

なお、ドイツ人政治学者で米プリンストン大学教授のヤン＝ヴェルナー・ミュラーは、著書『ポピュリズムとは何か』（邦訳は二〇一七年に刊行予定）で、ポピュリズムと権威主義を分けて考えることに否定的な見解を示している。彼の論理によると、ポピュリズムには権威主義的要素が必然的に含まれており、それだけ危険だという。これは、ポピュリズムを「民主主義の不備を補うもの」として肯定的にとらえようとする研究者への反論でもある。

ミュラーにとって、ポピュリズムの最大の問題点は、多様性を否定するところにある。そのわかりやすい例として、ポピュリスト政党が内部に対して不寛容な態度を取る点を彼は挙げている。確かに、マリーヌは党内で独裁的な立場を維持して内部批判を許さないし、オランダのウィルダース率いる自由党に至ってはウィルダース自身以外に党員資格を認めていない。そのような党が政権を担うと、党内で異論を認めないのと同じように、党に対する批判を封じ込めて独裁化する、というのである。

ここでは、ポピュリズムを従来通りの狭い解釈でとらえ、権威主義をポピュリズムとは異なる概念として位置づけたうえで話を進めたい。

世間から相手にされない中で関心を集めようと話術を磨いたからか、父ジャン＝マリー・ルペンの弁舌はもはや芸術の域に達していた。敵を明確に定め、あらゆる表現を駆使して罵倒する。原則論と具体例を巧みに使い分け、思わぬ比喩や皮肉たっぷりの批評でメディアや聴衆を喜ばせる。一方、時に踏み込みすぎて放言や失言をしでかしてしまい、批判を受けてしばしば右往左往した。

マリーヌには、このような放言失言が一切ない。どこまで踏み込んでいいか、どこから先が危険か、瞬時に判断する能力を備えており、自らをしっかり制御できる。慎重かつ冷徹な性格に加え、弁護士として法廷でやり合った経験を豊富に持つからでもあろう。

これは、単なる父娘の性格の違いなのか。いや、二人の意識の差、二人が目指すものの違いと言ってもいい。父と娘では、志が異なるのである。

政権を見据えた娘

父ジャン＝マリー・ルペンは、どこまで本気で政権獲得を目指していただろうか。

彼が最も政権に近づいたのは、二〇〇二年に大統領選の決選に進出した時だった。フランスの左右二大政党のうち社会党から立候補した当時の首相ジョスパンを第一回投票の得票で上回り、当時の現職大統領シラクとの一騎打ちを実現させた。「右翼が決選進出」のニュースは世界を震撼させ、「ルペン・ショック」という言葉を生んだ。

しかし、この時でも彼自身、実際に自分のもとに政権が転がり込んでくるだろうなどとは思っていなかっただろう。フランスであらゆる選挙は二回投票制であり、特に大統領選だと決選で五〇％を超えることなくして当選はかなわない。右翼は大統領になれないと、彼はとつくに悟っていたのではないか。

皮肉と挑発に満ちた彼の言動には、悲しげな道化師の薫りが常に漂っていた。大統領になれないからこそ、大胆で常識破りの発言が可能になり、それによって話題の中心にもなれた。彼は、場の盛り上げ役を自ら引き受け、それを懸命に演じていたのである。

ミッテランは、父ルペンのそのような意識を見抜いていた。「あの男は恐るるに足らず」と、側近だった当時の社会党第一書記アンリ・エマニュエリに話していたという。ルペンは、権力が欲しいわけではない。自らに注目が集まる演台を維持したいだけなのだ、と。

娘マリーヌは違う。風向き次第、戦略如何で権力を手にすることができる、と考えている。実際、英国がEU離脱を決め、トランプが米大統領に就任して以来、フランスでも国民戦線の大統領誕生が決して夢物語でないと思われるようになった。グローバル化に対する不満の蓄積や格差の広がりによって、ナショナリズムやポピュリズムへの支持は強まっている。一方で政治への関心が薄れ、投票率はどんどん落ちる。国民戦線が相対的に優位に立つ土壌は耕されつつある。

党首に就任した二〇一一年以降、マリーヌは政権を意識し、準備を進めてきた。党の正常化、大衆化は、その一つである。もう一つは、包括的な政策提案だ。

マリーヌの党首就任後間もなく、国民戦線は二種類の政策冊子を作成した。マリーヌ個人の訴えを十六ページにまとめた「私の構想　フランスとフランス人のために」と、党の諸政策を百六ページにわたって列挙した「私たちの構想　国民戦線の政治プログラム」である。これらに通底しているのが、権威主義的な発想だ。

統制色の強い政策提言

政策冊子「私たちの構想　国民戦線の政治プログラム」の最初の章は「国家の権威」と名付けられている。国民戦線がいかにこのテーマを重視しているかがうかがえる。

これによると、まず必要なのはフランスの軍事力強化である。「予算カットばかりを考え、国益にかなうかどうか怪しい多国籍活動に軍を利用していた」などとこれまでの政権の方針を批判し、「大規模な軍隊なくして大国ではあり得ない。国防政策は国家的国際的な野望の見地から構築されるべきだ」と主張する。国防費の増額による装備の近代化、核戦力の再構築、五万人規模の予備役を動員した国防隊の組織、などを提案している。

続いて、冊子は「強い国家」の復活を訴える。共和国の価値観を尊重させるとともに、諸条約の再交渉にあたる「主権省」の創設、交通機関や電気ガスに対する公共料金の導入、地方交通機関の順次国営化、公的機関での国旗掲揚とEU旗の追放などをうたう。工場の国外移転が進む産業への国家介入を求めており、経済を国家が統制することでグローバル化に対抗しようとする意図が顕著にうかがえる。

そのほか、仮釈放のない終身刑の導入か死刑復活かを問う国民投票の実施、犯罪常習者への罰則強化、警察と憲兵隊の増強、公共サービスの民営化の中止などが並ぶ。「国立行政学院（ENA）には愛国者を入学させるべし」「米国映画に対して唯一対抗できるフランス映画への支援と売り込みを強化する」など、苦笑せざるを得ない項目も散見されるが。

家族を重視する価値観も正面に掲げた。「家族は社会の中心的存在であるべきだ」とうたい、「三人以上の子どもを育てた母の定年繰り下げ」などの政策を打ち出した。一方で、同性婚には明確に反対し、同性同士のパートナーシップは家族として認めない方針を打ち出している。党内で同性愛者を受け入れる土壌が広がってきたのはすでに述べた通りだが、同性愛と同性婚との間に線を引くことで、伝統的な家族の価値観との整合性を図った。

軍事力増強、戦略的分野への介入、家族重視……。こうした方針を打ち出すうえでモデルとなっているのが、実はロシアのプーチン政権の権威主義である。国民戦線の政策は、ロシアの真似っこなのである。

ロシアの前身ソ連はかつて、カネと、情報と、水面下の政治工作のノウハウをばらまくことによって、多くの国の共産党との結びつきを保っていた。これを受けて、それぞれの共産党はソ連の意向を代弁する主張を展開した。時は流れ、同じ役割を今や、フランスでは国民戦線が担っている。

ロシアは二〇一四年、ウクライナの政変に乗じてクリミア半島を併合した。地元の自治共和国が実施した住民投票の結果に基づく形式だったものの、実際には武力を背景にロシアが裏で糸を引いたのも明らかだ。これに対して、日本を含む欧米各国はロシアへの経済制裁を強化した。

しかし、国民戦線はロシアを、このように対立する相手としてではなく、フランスに欠かせざる連携のパートナーとして受け止める。一例は防衛産業の見直しで、「ロシアを含めた欧州のいくつかのパートナー諸国との協力を復旧させる」と述べ、軍事的なつながりの強化を示唆している。

外交政策でも、ロシア寄りの姿勢が明確だ。冊子は現状をこう分析する。

「すべての帝国主義――米国、イスラム主義、中国は近い将来変調を来すだろう」

まさか右翼から「米国帝国主義」なんて言葉を聞くとは思わなかったが、「反米」傾向は冊子全般に漂っている。もちろん、ここで言う米国とは、オバマ政権時代の米国である。トランプ新政権が国民戦線の親ロシア志向に合致しているのは、言うまでもない。

NATO離脱とロシアとの連携

さらに冊子は、フランスの外交方針の大転換を提言する。

▼北大西洋条約機構（NATO）の統合軍事機構から離脱し、ロシアとの間で入念な戦略的同盟関係の構築を試みる。

▼ドイツに対し、パリ・ベルリン・モスクワ三ヵ国同盟連携を働きかける。

▼ロシアやスイスを含めた主権国家による汎欧州連合の結成を提案する。トルコはこれに含まない。

つまり、軸足を米国からロシアに移そうというのである。これは、百年単位で考えるべき国家の基本原則を大きく変更することになる。

フランスは冷戦時代、独自外交を目指したドゴールの指揮の下で一九六六年にNATOの統合軍事機構をいったん離れ、二〇〇九年に完全復帰するまで米国とは距離を置いた。これに対し、反ソ反共を党是《とうぜ》としていた国民戦線は一九七二年の結党当初、「フランスのNATO復帰」を主張として掲げていた。そのころからすると百八十度の転換である。

国民戦線はなぜ、ロシアにそれほど肩入れするようになったのか。

フランス人に、ロシアへの親近感を抱く人が多いのは確かである。かつて双方の宮廷や貴族社会は深く結びついていた。二十世紀前半を通じて、フランス最大の脅威はドイツであり、ロシアは対独政策のパートナーとなり得る国だった。戦後も、他の西欧諸国と違ってフランスは米国べったりの態度を取らず、冷戦の中でバランスを保っていた。

とはいえ、戦後綿々と続いてきた米国との関係を断ち切ってロシアにつくのは、いわば日本が日米安保を放り捨てて中国と同盟を組むようなものではないか。

しかし、二〇一七年三月に、マリーヌとプーチンが会談したように、国民戦線とプーチン政権との関係は、すでに確固たるものとなりつつある。両者は、様々な面で連携を強めている。私のインタビューでも、マリーヌはこう説明していた。

「ソ連崩壊後の苦しい時期を経たロシアが、経済復興を成し遂げた姿には、頭が下がります。米国と異なる国家モデルをつくり上げたロシアは、戦略的関係を結ぶに値する偉大な国家です。にもかかわらず、（制裁を求める）米国の指示に従うから、ＥＵはロシアと冷戦状態のような関係しか持てないのです」

経済政策でも、自由経済ながらエネルギーなどの基幹産業には介入するプーチン政権の手法を称賛した。

「私たちは、国民が自国の経済をしっかりコントロールする『愛国主義の経済』を目指しています。自由競争に基づき、金融の影響を大きく受ける『米国型のグローバル主義経済』は、我が国にも、地球全体にも、悲劇をもたらすと考えるからです」

クリミア併合を支持

国民戦線とプーチン政権の蜜月関係は、昨日今日に始まったわけではない。冷戦終結以降、先代党首ジャン＝マリー・ルペンや元副党首のブルノ・ゴルニシュは、しばしばモスクワを訪問し、当地の右翼政党やプーチン政権との間で関係構築を目指してきた。マリーヌはその緊密さを引き継いでいる。

背景にあるのは、基本的には利害の一致だと考えられる。

プーチン政権が国民戦線にとって、統治モデルを与えてくれる存在であるのは、すでに述べた通りである。一方、国民戦線はプーチン政権にとって、フランス国内やEU内で自らの立場と意向を代弁してくれるありがたい友人である。特に、EUがロシアに対して制裁や強硬策を発動しようと試みる際、国民戦線は欧州議会に持つ議席を使って反対してくれるかもしれない。反EUで、両者の立場は共通している。

見方を変えれば、国民戦線が活発になるほど、フランスは動揺し、EUは不安定になる。それをロシアは待ち構えているようである。

これに、カネが複雑にからんでいる。経済制裁を受けているとはいえ、ロシアはエネルギー大国として、有り余るカネを握る。その特性を利用して、プーチン政権は国民戦線を資金面で援助していた。欧州メディアの報道によると、国民戦線はロシアの銀行から約九百万ユーロの融資を受けていた。マリーヌ個人もキプロスのロシア系企業から二百万ユーロの融資を受けた。マリーヌは「フランスの銀行が融資しないから」と理由を説明し、融資があったこと自体は認めている。

フランスのテレビジャーナリスト、ラファエル・トレザニーニは、プーチン政権と国民戦線との関係解明を試みてきた。彼が制作し、テレビ「カナル・プリュス」で二〇一五年に放映されたドキュメンタリー「国民戦線　モスクワの眼」は、その複雑さを如実に語る。「カナル・プリュス」は先鋭的なルポで知られる民間有料放送局で、特に右翼に対する厳しい批判で知られる。国民戦線の記者会見では逆に、「カナル・プリュス」攻撃が定番となっているほどだ。当然、マリーヌや他の幹部のもとにトレザニーニが取材にいっても、邪険に扱われるばかりである。それでも彼はへこたれない。食い下がり、尾行し、ついにはモスクワまで追いかけ、プーチン政権幹部と接触する場面を隠しカメラで撮影する。

その結果、プーチン政権から国民戦線への融資とロシアによるクリミア半島併合とが密接にかかわっているとわかってくる。

この報告によると、二〇一四年三月にクリミア半島併合の是非を問う住民投票が実施される直前、プーチン政権幹部が意見を交換し、マリーヌが併合について見解を示すよう期待を表明していた。投票結果が明らかになり、ロシア併合が決まった直後、ほとんどの国がロシアを非難する中で、マリーヌは記者会見を開いてロシアへの支持を表明した。その直後、ロシア側はＳＮＳで、以下のような会話を交わしていた。

「マリーヌは私たちの期待を裏切らなかった」

「感謝の意を示す必要がある」

プーチン政権サイドから国民戦線への九百万ユーロの融資が決まったのは、それから間もなくのことだった。

トレザニーニはさらに、国民戦線を標的として自らの立場を浸透させようとするロシアの戦略文書も入手する。番組は問いかける。「国民戦線はクレムリンに、うまく利用されているだけなのではないか」。

二〇一七年二月、マリーヌは大統領選の決起集会で新たな公約を発表した。五年前のものに比べ、ロシアにあえて言及しないなど、礼賛色がトーンダウンしている。ただ、国民戦線の幹部の一人は「ロシアとの関係は基本的に変わっていない。依然として重要なパートナーだ」と話した。その翌月、マリーヌとプーチンが会談したことで、その言葉は証明された。

トランプ・ルペン・プーチン枢軸

冷戦が終結したころ、民主化と発展は一つの流れの中にあると、多くの人が考えた。共産主義イデオロギーのくびきを脱し、民主化に向かう旧東欧や旧ソ連の国々は、自由とともに、それまで禁じられてきた繁栄も享受できると考えた。それはあながち、間違いではない。自由と民主主義に向けて努力すれば、豊かな西欧の支援を受けることができたのである。

しかし、民主主義と繁栄とは、もちろん別の概念だ。民主主義が定着しなくても、繁栄は可能である。その例を示したのがシンガポールだった。この都市国家に言論の自由や真の政権交代は根付いていないが、一方で繁栄を享受し、世界の金融センターとしての地位を確立した。

中国が試みているのは、シンガポール・モデルの大国型だと言える。民主主義が存在しない国でも発展は可能であり、発展さえすれば人々は満足する。そんな信念の下で、中国はグローバル化の波に乗ろうとしてきた。試みはある程度成功しているように見える。習近平政権となって国際的な発言力はますます強く、米国に対抗する大国への地位をひた走る。一方で、市民社会は置き去りにされ、自由な言論や市民社会への締め付けはますます厳しくなった。

その状況は、プーチン政権のロシアと重なっている。

米国に誕生したトランプ政権も、同様の方向を目指している節がうかがえる。「米国を再び偉大な国に」のスローガンの下、繁栄回復のキャンペーンを張る一方で、少数者の人権や市民の自由な言論は軽視する。トランプを批判する者は、スケープゴートとして徹底的な攻撃を受ける。

冷戦崩壊によって、世界を二分した一方のイデオロギーである共産主義は、輝きを失った。唯一残った価値観である自由民主主義が、世界を席巻するかに見えた。しかし、ここに来てライバルとなりそうなイデオロギーが首をもたげている。それが権威主義だ。その思想は、反グローバル化意識と連携しつつ、じわじわと世界に広がっている。

それは、民主主義への対抗軸となるだろうか。トランプ、プーチンとルペンとのつながりが今後、権威主義のネットワークに発展するだろうか。

その鍵は、二〇一七年フランス大統領選の帰趨《きすう》に握られている。ルペンが大統領となり、フランスがロシア化して権威主義体制の国家に転換し、プーチン政権と連携するころ、世界はこれまでと違う顔を見せているだろう。本丸を落とされたEUは崩壊の危機に瀕する可能性がある。国際法秩序とは異なるジャングルの掟が世界を支配し、権威主義国家はますますその力を振り回すに違いない。

第十章　混迷の春

マクロンの集会（写真上）。ルペンの集会（写真下）には見られないEU旗が目につく

社会党の迷走

フランス第五共和制第八代目の大統領を選ぶ選挙は、第一回投票が二〇一七年四月二十三日に、上位二人による決選投票が五月七日に実施される。本来なら挑戦を受けるべき現職のオランドは、その場にいない。低支持率にあえぎ、再選を断念したからである。

社会党や「緑の党」系の穏健左派は、候補者を調整するための予備選を二〇一七年一月に実施すると決めていた。本来なら、その最有力候補は現職のオランドになるはずだった。彼が出ないことになって、オランド政権を首相として支えてきたマニュエル・ヴァルスを中心に駆け引きが活発化した。

左派が予備選を実施するのは、苦い経験に基づいている。二〇〇二年、当時の首相リオネル・ジョスパンが社会党の最有力候補として大統領選に臨んだが、左派と左翼で計八人の候補が乱立し、支持票がばらけてしまった。その結果、第一回投票でジョスパンはシラク、ルペンに続く三位となり、決選に進めなかった。失敗を繰り返さないために、社会党は左派や左翼に呼びかけ、事前に候補者を絞ろうとしたのである。

ただ、左翼のジャン＝リュック・メランションと、中道に近いエマニュエル・マクロンは、予備選への参加を拒否して独自に本選を目指した。また、予備選の候補はいずれも決め手に欠け、本選で勝てそうになかった。マリーヌ・ルペンは「明確なリーダーがいないから予備選なんかをしなくてはならないのだ」と揶揄したが、その指摘はあながち間違ってもいなかった。

左派や左翼の候補がいつも乱立気味になるのは、勝ち負けに関係なく、イデオロギーに固執する人物がいるからだ。とにかく筋は通したいと、勝算のないままに立候補を目指す。現実的な右派の場合、権力のためには妥協も辞さず、議論よりも行動こそが政治家の本務であると心得ているが、左派はしばしば、権力を行使する政治家としてでなく、自分の思いを貫く運動家として振る舞う。

結局、二〇一七年一月に実施された左派予備選では、予想もしない人物が勝利を収めた。前評判の低かった党内最左派のブノワ・アモンである。党青年組織を長年率いて固定票を持っていたため、党員や支持者の関心が薄く投票数が下がったことで相対的に優位に立ったと考えられた。とはいえ、アモンが実際に大統領になると考える人は、社会党支持者の中でも二四％にとどまった。これでは、予備選をした意味がない。党内には、戦う前から敗北感が広がった。

である。

新星マクロンの台頭

そのような左派から、新星が登場した。予備選に参加しなかったエマニュエル・マクロンである。

経歴からするとエリート中のエリートである。国立行政学院（ENA）を二〇〇四年に出た後、最高の成績を修めた者ばかりが就職する会計検査院に入ったものの、四年後にロスチャイルド系の民間銀行に転じた。オランド政権発足に伴ってエリゼ宮（大統領府）に副事務総長として引き抜かれ、続いて経済相を二年間務めた。この間に彼の名を高めたのは、商店の日曜営業などに関する規制を緩和した「マクロン法」の制定である。経済相在任中の二〇一六年四月には自らの政治団体「前進！」を設立、八月に経済相を辞任し、十一月に大統領選への立候補を表明した。その時、まだ三十八歳に過ぎなかった。

頭脳明晰、政策通で、弁舌もさわやかである。若いころに一時期形式だけ社会党に属したものの、立場としては左派よりも中道に近い。

二〇一四年に来日した時、大使公邸での懇談で私は彼と顔を合わせた。彼が進める経済自由化は、結局ついていけない人を増やし、逆に右翼の支持を高めるのではないか。受け止めようではやや嫌みにも取れる質問を、私は投げかけてみた。「経済的な効果と社会的公正は相反するものでなく、両立するものです。その説明が不十分だから、ポピュリズムが台頭する。『内向きになれば暮らしやすい』などという言動が誤りだと、はっきり言わなければなりません」。そう答えた彼の説明は丁寧で、相手と真摯に向き合う姿勢も伝わってきた。エリート特有の偉ぶった態度を感じさせないところに彼の人気の秘密があると実感した。

当初は苦戦するかと思われたが、二〇一六年暮れになって支持率で社会党の予備選候補たちを上回るようになった。二〇一七年に入って支持はさらに伸び、後に述べるように右派候補の失速も手伝って、マリーヌに次いで支持率で二位を占めるようになった。

このころ出そろった候補は右翼ルペン、右派フィヨン、左派アモン、左翼メランションと、左右の両極端に位置する候補ばかりで、真ん中がぽっかり空いていた。そこをマクロンが埋めたのである。彼は本来の中道支持層のほか、オランドを支持していた左派の穏健派、ジュペを支持していた右派の穏健派の支持層も引き寄せ増幅した。彼は一転して「大統領に最も近い男」といわれるようになった。

マリーヌ・ルペンがリヨンで決起集会を開いた二〇一七年二月四日、マクロンもやはりリヨンで大規模集会を開催した。日程をぶつけてきたのは明らかだった。マクロンはその時点で、マリーヌに照準をはっきりと合わせていたに違いない。サルコジ政権のデカダンスを引きずる「共和主義者」（旧「大衆運動連合」）や、オランド政権の停滞ぶりを拭えない社会党は、はなから相手にしていなかったのである。

リヨンを訪れた私は当日、マリーヌの決起集会を途中まで見た後、マクロンの会場に転じた。二日間の日程の一日目でせいぜい三千人程度しか集まっていなかったマリーヌの集会に比べ、マクロン側には七千人ほどが入って熱気にあふれていた。社会党の重鎮でリヨン市長のジェラール・コロンがマクロン支持を打ち出していたことも影響していただろう。

会場には、フランスの三色旗とともに、青地に十二の星を丸く並べたEU旗がはためいていた。マリーヌのところには全くなかった光景である。主要五人の候補の中でも、彼ほどEU支持を前面に打ち出した候補はいなかった。それが、ポピュリズムと戦う姿勢を示すことにつながっていた。

彼の演説は、明確で、メリハリの利いたものに仕上がっていた。間合いの置き方も抜群で、マリーヌと比べても遜色ない。三十九歳とはとても思えない手際の良さで、米国でオバマが登場した時を思い出させた。もっとも、演説は二時間近くに及び、聴いている方が疲れてしまった。内容もよく聴くと粗が目立ち、図書館の夜間休日開館を増やすなどと主張して、市長選じゃあるまいしと苦笑もさせられた。

マクロンにも弱点は少なくない。強い投票意思を持つマリーヌの支持層に比べ、マクロンの支持層は流動的で、ちょっとしたきっかけから他の支持に移る可能性がある。確固たる組織を持たず、個人人気に頼っているのも、危ういところだ。ロシアからのサイバー攻撃やネガティブキャンペーンの標的となる可能性も指摘された。

最初のハプニング

フランス大統領選にはハプニングがつきものである。一九九五年、最有力と見られていた首相バラデュールが投票直前に失速し、決選に残れなかった。二〇〇二年、右翼ジャン＝マリー・ルペンが決選に進出した。〇七年にはそのルペンが途中から伸び悩み、四位に沈んだ。一二年には、一時隠居状態にあったオランドが復活して当選を果たした……。

二〇一七年大統領選も、その年をまだ迎える前から波乱含みの展開となった。右派政党「共和主義者」が十一月に実施した予備選で、有力視されていた前大統領ニコラ・サルコジと元首相アラン・ジュペがいずれも陥落したからだ。公認候補の座を勝ち取ったのは、多くが予想しなかった元首相フランソワ・フィヨンだった。

「共和主義者」は、ドゴールからポンピドゥー、シラク、サルコジと大統領が輩出した保守本流の系統に連なる政党で、初代党首をサルコジが務めた。

サルコジは二〇一二年の大統領選でオランドに敗れて政界を引退したが、その三ヵ月後には早くも政治に口出しをするようになり、一四年に「大衆運動連合」党首に復帰した。翌年には党名を「共和主義者」に変更したうえで、大統領選公認候補を目指した。一度味を占めた権力の座は、忘れられないと見える。しかし、いったん愛想を尽かした指導者を再び温かく迎えるほど、世論も甘くない。ニュース専門チャンネル『イーテレ』の一六年五月の世論調査では、七八％が「サルコジの立候補を望まない」と答えた。

そのような「サルコジ嫌い」が、対抗馬である元首相ジュペの高い支持率につながった。ジュペは一時、シラクの後継と目されながら、金銭疑惑でもたついている間にサルコジに先を越された苦い経験を持つ。頭の回転の速さには定評があり、自他共に認める政策通でもある。その後苦労を重ねてきたことから世間も同情し、支持率でトップを走っていた。このころ、フィヨンの話は全然なかった。

ただ、ジュペの人気はしょせん「サルコジでないから」という消極的な理由に基づいていた。エリート然としたジュペはもともと大衆人気に乏しく、誰か他に適当な人物がいれば失速する運命にあった。ふと振り返ると、フィヨンがいる。サルコジやジュペよりましじゃないか。フィヨンを押し上げたのは、人々のそんな意識だっただろう。

フランスの政治家には珍しく、フィヨンはグラン・ゼコール出身でなく、普通の大学出である。サルコジ政権の五年間一貫して首相を務めたが、パフォーマンスを繰り広げる大統領サルコジの陰に隠れて裏方に徹した。しかし、その地味さがプラスに働いた。目立ちたがりのサルコジがせっかちに走り回る一方で、批判も一手に引き受けたからである。野党となった後、フィヨンは「目立たないが着実」とのイメージを徐々に浸透させた。特に、予備選の運動期間に入って候補者討論で雄弁ぶりを発揮し、党内で評価を高めた。それが、ハプニング勝利につながった。

政治的にはかなり右寄りの保守であり、自由貿易を擁護する一方、移民には厳しく、EUにもやや懐疑的な姿勢を示していた。何より彼に特徴的だったのは、欧州の政治家の中でもとりわけ、ロシアの大統領プーチンと仲が良かったことである。マリーヌ・ルペンもプーチン側近と密接な関係を築いたものの、フィヨンはその比でない。プーチン本人と何度も会っているどころか、友人ともいえるつきあいを続けていた。『ルポワン』誌によると、モスクワ近くのプーチンの別荘で、ごく親しい人しか入らない部屋にフィヨンは招かれており、南部ソチの邸宅でも一緒にビリヤードを楽しんだことがある。フィヨンは、プーチンの威厳とカリスマ性を称賛していた。

こうした関係を反映してか、ロシアのクリミア半島併合を受けたEUの対ロ制裁にも、フィヨンは強く反対した。シリア情勢を巡っても「ロシアと連携すべきだ」と主張した。

フィヨンの予備選勝利を受けて、ロシア側は大喜びだった。『ルモンド』紙によると、プーチンに近い政治家は「決選にはロシア好みの候補者だけが残りそうだ。アトランティスト

（親米主義者）はいない」とツイートした。

ところが、ハプニングはこれで終わらなかった。

フィヨンの二ヵ月天下

右派の予備選の決選で、フィヨンが約三分の二を得票してジュペに圧勝したのは、二〇一六年十一月二十七日のことである。翌月早々にオランドが再選立候補を断念し、フィヨンは以後「大統領に最も近い男」としてフランス国民の期待を集めた。

ただ、天下が続いたのは二ヵ月程度だった。

年が変わり、特ダネ報道で知られる風刺週刊紙『カナール・アンシェネ』が一月二十五日付紙面で、フィヨンに関する疑惑を報道した。フィヨンが国民議会議員だったころ、妻のペネロプがフィヨンの補佐として議会から総額五十万ユーロに及ぶ給与を得ていた、というのである。ペネロプは英国出身で、パリ留学時代にフィヨンと知り合い結婚した。慎ましい性格で、政治の表には出ようとしない人だと受け止められていた。

国民議会議員が補佐として家族を雇うこと自体は、違法でない。問題は、それが幽霊職員であるかどうかである。ペネロプが議会に出勤しているなら問題ないが、自宅で家事をしているのに給与を得ていると法に触れる。しかし、ペネロプが外に仕事を持たず家庭に入っていることは、政界の常識だった。「ペネロプを議会で見たことがない」との証言もあった。

当初、この疑惑は一過性の騒ぎで終わるとみられた。しかし、ペネロプがからむ疑惑は以後、次から次へと明らかになった。資産家が経営する文学雑誌と税込み月五千ユーロで契約し、総計十万ユーロを手にしたものの、書いた記事は二本だけだった、と暴露された。フィヨンとペネロプの子ども二人も議員補佐を務め、給与を得ていたこともわかった。フィヨンは「子どもたちは弁護士として勤務していた」と弁明したものの、実はまだ弁護士資格を得る前の時期だったとばれて墓穴を掘った。一連の事件は「ペネロプゲート」と名付けられ、一躍トップニュースとなった。

政治家、特に右派政党の場合、違法すれすれでカネをため込む営みは半ば常態化していた。多くの人は、そのようにして浮かした資金を自分のためでなく党のために使っていると言い訳し、それが概ね認められていた。しかし、フィヨンの場合はカネを浮かしていること自体を隠しており、私腹を肥やしていたに違いない。フィヨンはそれまで、サルコジやジュペとは異なる「清廉な政治家」のイメージで売っていただけに、裏切られた感が広がった。

事件を機に、彼に対する世論の支持は急落した。右派陣営内ではフィヨンを降ろしてジュペや他の政治家を立てる動きが出たが、フィヨン自身は譲らない。二ヵ月の間右派に広がっていた楽勝ムードは、あえなく崩壊した。

大統領選の一ヵ月足らず前にあたる二〇一七年四月初旬現在、決選に進みそうなのはマリーヌ・ルペンとエマニュエル・マクロンの可能性が高い状況である。ドゴール派、社会党という二大政党候補のいずれもそこに入らないのは、第五共和制始まって以来のことだ。この状態を、パリ政治学院教授のパスカル・ペリノーは「戦後定着していた政治的世界が解体されている」と読み解いた。

「政党が政治をコントロールできなくなり、アウトサイダーが台頭するようになったのです」

彼によると、政党の弱体化は二〇一六年米大統領選にも共通する現象だ。米共和党では正統派の候補が振るわず、ドナルド・トランプの台頭を招いた。民主党でも、ヒラリー・クリントンがバーニー・サンダースを前に苦戦を強いられた。

「党の求心力が低下したために、大統領候補を決める予備選を実施せざるを得なくなった。予備選を実施すると、求心力がさらに低下する。その悪循環に陥っています」

ペリノーはこう語った。

左翼の勢い

苦戦する左派や右派を尻目に、共産党や旧社会党最左派を中心とする左翼は独自の道を歩む。政権についたがゆえに現実と理想との間で揺れる社会党とは異なり、現実に決して妥協せず、妥協するぐらいなら孤立を選ぶ。その硬派ぶりとへこたれない根性が、一部のインテリや若者の人気を集める。

その中心に、ジャン＝リュック・メランションがいる。若い頃からトロツキスト団体にかかわり、一九六八年のパリの学生運動「五月革命」では高校生運動の先頭に立った。社会党最左派の地方自治体幹部として頭角を現し、ジョスパン内閣で職業教育担当相などを務めた後、二〇〇八年に「一切譲歩しない党」を目指して「左翼党」を立ち上げた。

二〇一二年の大統領選に立候補した当初は泡沫扱いだった。しかし、支持者を失ってぼろぼろの状態だった共産党が彼に乗ったことから「左翼戦線」統一候補を名乗り、勢いに乗った。原理原則にこだわりがちな環境保護勢力も引き付け、一一・一％を得票した。二〇一七年大統領選では社会党のアモンと左翼票を食い合っているが、それでも一時は三位争いに加わった。

政治に対して実利だけでなくイデオロギーまで求めるフランス人の意識を反映してのことだろう。フランスは、いまだに「左翼」が存在感を持つ国である。冷戦後の一九九〇年代から二〇〇〇年代にかけては、大統領選のたびに「プロレタリアート独裁」だの「権力を人民の手に」だののスローガンを叫ぶトロツキスト候補が五％前後の支持を集めた。メランションの人気を、そのようなフランスの政治風土が支えている。

メランションの政治的立場には、反自由主義、反グローバル化の傾向が明らかだ。ＥＵは「失敗だった」と明言し、大幅な改変か、さもなくば脱退を、と主張する。ＮＡＴＯからの離脱も求める一方、ロシアのプーチン政権には極めて好意的な態度を取っている。

こう見ると、誰やら似たようなのがいたなと思い出す。メランションの主義主張は、マリーヌ・ルペンとかなりの部分で重なっている。左翼と右翼ではあるが、その両極端こそグローバル化社会で立場を共にしている。マリーヌ自身も、メランションの主張に関して、「自分たちとそれほどかけ離れてはいない」と『フィガロ』紙で述べたことがある。

実際には、左翼と右翼が共闘することはあり得ない。ただ、大統領選の決選になって、左翼票が大挙してマリーヌ支持に回る可能性は考えられる。

国民戦線の政策と人材

左翼メランション以上に元気がいいのは、言うまでもなく国民戦線のマリーヌ・ルペンである。二〇一四年の欧州議会選で国内一位となる二四・八六％を獲得して以降、彼女を支える国民戦線は「フランスの第一党」を名乗り、さらなる勢力拡大に邁進してきた。その集大成と位置づける二〇一七年大統領選で、彼女は決選進出、さらには大統領の座をうかがう。

国民戦線は長年、共産主義や移民、ＥＵを標的とするシングル・イシュー型政党であり続けた。これでは、政権は担えない。永遠の抵抗政党からの脱却を図ろうと、マリーヌが党首就任後間もなく、国家の権威回復やロシアとの連携をうたった二つの公約をまとめたのは、前章で紹介した通りである。この公約はほかに、経済、福祉、環境面などにかかわる政策も列挙しており、包括的な体裁を取っていた。

もっとも、その内容を分析する専門家やジャーナリストはほとんどいなかった。何せ、「極右」「ファシスト」などとしばしば名指しされ、政権を取る可能性もないと信じられた政党である。その政策など論じても時間の無駄だ。そう言われ、政治の議論から排除された国民戦線は、自分たちの主張を勝手にまき散らしてきた。

この状態の不健全さを指摘したのが、フランス最西端フィニステール県の若手県議マエル・ドカランである。右派「共和主義者」に属する彼は、国民戦線の公約を読み込んで批判する著書『国民戦線の政策の真実』を二〇一六年春にパリで出版した。

この本によると、公約には矛盾する方針が随所に掲げられているという。

「国民戦線は、時に企業の立場を守ろうとする一方で、（労働者の権利を守る）週三十五時間労働制にも賛成する。労働賃金を下げようとする一方で、賃金を大幅に上げるよう主張する。税率の引き上げには賛成だったり反対だったり。グローバル化に立ち向かう存在として大企業に期待したかと思えば、中小企業を踏みつぶすとして大企業を非難する。消費価格を下げるとして自由競争を称賛しつつ、生産者価格を下げるとして自由競争を糾弾する」

ロシアのプーチン政権をモデルにした国民戦線の経済政策は、重要セクターへの国家の介入を特徴としている。これに対するドカランの批判も厳しい。

「これはまるで、東ドイツ並みの統制経済への逆戻りだ。左翼メランションの経済政策より左寄りである」

「国民戦線は、経済のあらゆる面に公定価格を導入しようとしている。質、量、多様性ともに乏しい商品を消費者が受け入れていた一九五〇年代ならいざ知らず、現代にそんなことをしたら、交通機関は荒廃し、停電が頻発し、投資が冷え込んでしまうだろう」

彼は、この本を著した動機を、本文中でこう説明した。

「国民戦線への投票は、依然として現状への不満票にとどまっており、彼らの政策に対する賛同の票とはなっていない。彼らの政策だと現在フランスが抱える問題を何ら解決できないと、国民は感じ取っている。この信頼性の乏しさは、国民戦線による政権獲得を妨げる最後の砦である。ただ、その差は五ポイントから一〇ポイント程度でしかない。だからこそ、彼らの政策に注目し、そこにある矛盾と嘘、間違いを告発しなければならない」

国民戦線最大の弱点

ドカランの指摘は、プロフェッショナルに作業を遂行できる人材が国民戦線に決定的に欠けていることを示している。彼らが大衆に分け入り、不満や不安をかぎ分け、その意識を汲み取るところまではいい。そこで明らかになった課題をしっかり整理できる幹部、それに対して適切な解答を示せる専門家、それを読みやすい文章に仕立てて提示できるスタッフに乏しい。この人材不足こそ、国民戦線最大の弱点だといえる。

国民戦線の歴史を振り返ると、急速に台頭する幹部がしばしば登場する。エリート官僚出身のブルノ・メグレは、一九八七年に入党するや否や幹部として処遇され、翌年にはナンバーツーの幹事長に任命された。マリーヌが党首となってからは、二〇一一年に入党したフロリアン・フィリポが、その翌年にはもう戦略広報担当副党首に就任した。

なぜ彼らはかくも早く出世できたのか。答えは単純で、その才能や野心に対抗できる人物が党内にいなかったからである。メグレやフィリポは、エリート養成校を出て政治家や企業幹部と渡り合い、弁を磨いた官僚である。内弁慶の右翼では勝負にならない。仕事の段取りも抜きんでているから、党首も彼らにすべてを任せてしまう。国民戦線は結局、何人かの党首側近や幹部を除けば、単なる素人集団なのである。

国民戦線の幹部らと長年接触を続けているトゥール大学准教授シルヴァン・クレポンは、

その著書『新しい国民戦線の心臓部を調べる』でこう指摘する。

「中央委員会のメンバーを毎年ざっと見ていると、他の政党で主流を占めているような高等教育機関出身者が極めて少ないとわかる。だから、政治のしきたりを大してわきまえなくても、活動的な党員で意欲さえあれば、組織の責任ある立場に就くことができる」

このような状態だと、仮にマリーヌが大統領に就任したところで、まともに組閣ができるのか。十数人の閣僚と十数人の閣外相をそろえられるか。それぞれの閣僚を支える官房を構成できるのか。

この点が、米国のトランプと大きく違う点である。トランプは何と言っても、共和党という大政党の枠組みがあった。実際の組閣では知り合いの財界人や元軍人ばかり登用して、党の財産を活用できているとは言い難いが、いざとなれば助けを求めることができる。マリーヌには、そのような人材供出源がない。国民戦線しかないのである。

当然、国民戦線もこれに気づいているだろう。二〇一七年二月の決起集会で、彼らはマリーヌの新たな公約「大統領選に向けた百四十四の取り組み」を発表した。実施すべき百四十四項目を列挙しただけのシンプルなものである。外部からの批判に耐えられるよう、五年前の公約の大枠を踏襲しつつ、整合性を図り、論理を補強したと見られる。

注目すべきなのはこの公約をまとめ、集会で登壇して説明した人物である。エリート官僚で、その名をジャン・メシアという。エジプトのコプト教徒の家庭に生まれ、フランスに渡って帰化した後、国立行政学院（ＥＮＡ）を出て国防省に勤めた。彼は、エリート官僚や民間経営者百三十二人が集まるマリーヌ支持の組織に所属していると主張し、彼らが公約を支えたとほのめかす。ただ、組織の実態は不明で、どれほどの影響力を持つのかもわからない。

日本とは異なり、フランスの官僚は自由に政治活動ができる。これまでは「国民戦線を支持している」と大っぴらに言えない雰囲気があったが、それが徐々に変わりつつあるのは間違いないだろう。

第十一章　ロシア色に染まるフランス

マリーヌ・ルペンは自らをジャンヌ・ダルクに重ねる

近未来小説「ルペン大統領」

もしもルペンが大統領になったら――。

そのような近未来小説が、フランスで大統領選のたびに売り出される。有名政治家が実名で登場し、ルペン政権下ですったもんだするというブラックユーモアが大概である。

二〇〇七年大統領選では、ジャン＝マリー・ルペンが大統領に就任するというギー・コノプニキの小説『当選！』が結構な人気を呼んだ。娘マリーヌを首相に任命し、イランと核開発協定を結ぶと表明したり、レバノンのシーア派組織ヒズボラから歓迎されたりと、ハチャメチャである。フランス経済は崩壊し、反政府デモが吹き荒れてパリの街は麻痺してしまう……。二〇一二年大統領選でも、マリーヌが選挙結果無効で大統領を辞任するまでを描いたフレデリック・デローリエの『マリーヌ・ルペンの二百日』が刊行された。

二〇一七年大統領選も、その例に漏れない。いくつかの小説が乱立した中で、なかなか良くできていたのがフランソワ・デュルペール原作、ファリド・ブジェラル作画の劇画『ラ・プレジダント』（女性大統領）である。

現職オランドを僅差で破って大統領に就任したマリーヌは、右派の元老院議員を首相に指名し、右派の強硬派にも呼びかけて組閣する。早々にメディア支配を強め、ネット監視を厳格化し、NATOから離脱を表明して、モスクワでプーチンの歓迎を受ける。一方で、独立運動が強まる仏領ニューカレドニアには軍を投入し、多数の死者を出す。そのような中で、国民議会議長に就任したフロリアン・フィリポが右翼過激派に誘拐され、大統領ルペンはさらに強硬な政策を採るよう脅される……。

国民戦線の歴史や人脈を丁寧に押さえており、政策冊子も読み込んで、圧倒的なリアリティーで迫る。ポピュリストだったはずのマリーヌが、政権を取った途端に権威主義的な性格を顕わにするところも、現実味がある。

この劇画には、二〇二二年を舞台にした続編もある。そのネタばらしをすると、イスラム教徒候補との接戦を制してマリーヌは再選を果たすが、それは投票操作の結果だった。その事実を知るマリオン・マレシャル＝ルペンから脅されて、マリーヌは大統領を辞任する。新大統領に就任したマリオンは、キリスト教の価値観を前面に掲げてさらに強硬な政策を遂行するのだった。

その筋書きは、必ずしも「単なる想像」だけとは言い切れない。

実際に何が起きるか

実際には、フランスで何が起きるだろうか。

まず、マリーヌ・ルペンが大統領に当選しないという順当な場合を考えてみたい。マクロンなりフィヨンなりが大統領に就任したとして、刷新の雰囲気は打ち出せても、既成政治の枠組みを大きく逸脱した政治は難しい。官僚機構や議会の枠組みに縛られ、誰でもできるようなことをせざるを得ない。逆に言うと、だから先進国は安心なのだ。革命やクーデターなど劇的な政治の変化を心配することなく日々の生活に勤しめるのが、先進国の市民の特権である。

しかしそれだと、鬱積した閉塞感を一気に解消するはけ口がない。その点、若い途上国はある意味で幸せである。政治が極端に動けば、そこに自ら参加することもできる。歴史を築く実感を得ることができる。老いた先進国に、そのような機会はない。若かった頃の感動を思い出しながら郷愁に浸る以外にない。

マリーヌやトランプは、老いた男の前に突然現れて「あなたはまだまだ若い。再び偉大になれるのよ」とささやいてくれる美人である。そんな言葉を聞くと、それが遺産目当てだとわかっていても嬉しいものだ。諦めていた活力が再びみなぎってくる。安定して変化の乏しい暮らしが急に陳腐に思えてくる。ちょっとは火遊びもやってみたくなる。

二〇一七年大統領選で敗れても、マリーヌがその後人々に誘惑の言葉をささやき続ければ、五年後の勝利が見えてくる。そのころ、国民戦線は今以上に正常化が進み、スタッフも充実させているだろう。私が助言するのも気が引けるが、マリーヌは二〇一七年に無理やり政権を取って失速するより、二〇二二年に満を持して大統領選に臨んだ方がいいのではないか。これまで押さえ込んできた国民戦線内部の対立や亀裂が顕在化しなければの話だが。

次に、マリーヌが大統領に当選した場合である。大きな関門は、大統領選から一ヵ月後に迎える総選挙だ。総選挙は二〇一七年六月十一日と十八日に投開票され、国民議会議員五百七十七人を小選挙区制で選ぶ。

ここで国民戦線が過半数を占める可能性は、限りなくゼロに近い。有能な候補が集まらないだけではない。日本と同様に総選挙では現職が有利だが、二〇一七年春現在、国民戦線の現職は公認一議席、非公認一議席しかない。この現状よりはましな結果になるだろうが、単独過半数など夢の世界である。右派の一部の寝返りを期待したり、あるいは左翼などと連携したりで多数派工作をする余地は残るが、抜本的な政界再編が起きない限り、右派か左派のいずれかが勝利を収めるだろう。

多数会派は組閣を担う。したがって、例えば「ルペン大統領、フィヨン首班」などといったコアビタシオン（保革共存政権）が考えられるが、実権は首相が握り、大統領は死に体状態に陥る。

もっとも、案外とうまく切り抜けるかもしれない。機が熟するまでしばらく様子を見つつ、頃合いを見計らって選挙に比例代表制を導入し、右派や左翼を切り崩し、権力を握る者ならではの裏工作やプロパガンダも大展開すると、議会多数派が形成できるかもしれない。あとは自由に振る舞える。

権威主義が北半球を覆う?

本当の問題は、そのように彼女がうまく立ち回った場合にある。米トランプ政権、ロシアのプーチン政権と結びついて、第九章で検証したような「トランプ・ルペン・プーチン枢軸」が世界を闊歩するようになる恐れは拭えない。しかも、マリーヌと国民戦線は、欧州で決して孤立した存在ではない。ポピュリズムや権威主義は欧州各国で台頭している。これらが結びつきを強め、北半球を覆う一大勢力に発展する可能性がある。

トランプの大統領就任式翌日にあたる二〇一七年一月二十一日、欧州議会に議席を持つ各国のポピュリスト政党、ナショナリスト政党の代表が、ドイツのコブレンツに集まった。国民戦線のマリーヌ・ルペンは言うに及ばず、オランダで自由党を率いるヘルト・ウィルダース、イタリアの北部同盟書記長マッテオ・サルヴィーニ、「ドイツのための選択肢」（AfD）の党首フラウケ・ペトリ、オーストリアの自由党書記長ハラルド・ヴィリムスキーらの面々が参加した。互いの結束を確認し、各国での政権獲得に向けて気勢を上げた。

フランスの国民戦線が引きずる右翼の伝統の要素がオランダの自由党には薄いなど、各党のスタンスはそれぞれである。ただ、いずれも自らの興隆のためには主義主張を修正する柔軟性を備えている。場当たり的な傾向が強いポピュリスト政党ならではである。

オランダの自由党を何より特徴付けるのは、激しいイスラム批判である。二〇一七年三月の総選挙では当初、第一党になるのではと予想された。実際にはそこまで躍進しなかったものの、根強い支持を見せつけた。二〇〇〇年に連立政権に参加した経験も持つオーストリアの自由党は、二〇一六年の大統領選でノルベルト・ホファーを擁し、「あわや当選か」というところまで迫った。

ポピュリズムを巡って近年変化が起きたのはドイツである。ナチスの経験から民族差別や排外主義への警戒感が強く、小政党が参入しにくい選挙制度を備えるドイツでは、右翼勢力が大きな力を持ち得ないでいた。ところが、右翼ネオナチの流れとは全く別の系統から生まれたポピュリスト政党が、急速に存在感を増した。経済危機に陥ったギリシャへの支援反対を訴えて二〇一三年に発足した「ドイツのための選択肢」である。

当初は経済学者らが集まった反EU政党だったが、二〇一五年に旧東独出身の女性化学者フラウケ・ペトリが党の実権を握り、反移民、反イスラムの主張を前面に出してから支持が広がった。多数の難民流入や、欧州各地で相次いだイスラム過激派テロが、追い風となった。同様の理念や主張を掲げた市民運動「西洋のイスラム化に反対する愛国的欧州人」（通称「ペギーダ」）とも連動した。

ハンガリーとポーランドでは、ポピュリスト、権威主義勢力が実際に政権を握っている。ハンガリーの「フィデス・ハンガリー市民連盟」党首として二〇一〇年から二度目の首相を務めるオルバン・ヴィクトルは、徐々に強権的な色彩を強め、EUの価値観に疑問を投げかけ、メディアの統制にも乗り出した。民族の尊厳を傷つけると見なした報道に対して罰金を科す法制度をつくり、メディアからの猛反発を呼んだ。ポーランドの右派政党「法と正義」も、EUに反旗を翻す。党首の元首相ヤロスワフ・カチンスキが実権を握り、憲法裁判所の制度を変更して司法の力を削ぐとともに、公共放送の人事を握り、政府に批判的な記者を次々と解雇した。

フランスがロシア化するとき

権威主義的な政治家は、概ね年配者から支持を集めるが、若者には人気がない。現代の若者の多くは、しかめっ面の支配する窮屈な社会を望んでいないのである。権威主義を支えるのは多くの場合、年寄りのノスタルジーであり、権威主義に対する賛否は世代間闘争の気配を多分に帯びている。その意味では、プーチンやトランプ、オルバンやカチンスキが跋扈する時代も、歴史の流れの中の小さな揺り戻しに過ぎない可能性がある。

とはいえ、これらの政権には抑圧的、排他的傾向が強く、メディアを統制したり、人権を無視して市民社会を分断したりするのも厭わない。いったん権力を握ると、それを維持しようと、なりふり構わぬ態度に出るだろう。さらには選挙結果の操作、サイバー攻撃、プロパガンダ攻勢、暗殺といった手段で野党や反対勢力を弾圧する恐れも拭えない。その先に見えて来るのは独裁である。

「ポピュリスト」と呼ばれる指導者や政党の多くは、権威主義的な性質を多かれ少なかれ持っている。政権を取るまでは明るいポピュリズム的手法に依拠し、油断した人々の支持を集めて、その座に就くと今度は権威主義に転じるケースも考えられる。

それは、マリーヌ・ルペンと国民戦線の場合も同様だ。彼女は、ナショナリズムとポピュリズム、権威主義を共に手なずけ、必要に応じて使い分けているように見える。これまでのところは、主にポピュリズムを前面に出し、ナショナリズムをちらつかせつつ、大衆の支持を得ようと腐心してきた。もし政権を取ると、その着ぐるみを脱ぎ捨てて、権威主義の本性を突如現さないだろうか。あるいは、劇画『ラ・プレジダント』の世界のように、もっと過激な勢力が内部で台頭しないか。

現在欧州で勢力を蓄えているポピュリスト政党も、いずれは権威主義に収斂していくのかもしれない。フランスからドイツ、北欧、旧東欧といった国々に権威主義政権が広がると、その潮流がいかに歴史の揺り戻しに過ぎないにしても、欧州市民社会にとって大いなる脅威となりかねない。

ロシアやトルコ、旧ソ連各国などの権威主義国家や強権国家に対し、「自由」「人権」「民主主義」といった理念を広め、価値観を共有するよう働きかけてきたのが、フランスをはじめとする欧州の国々だったはずである。EU、欧州評議会（CE）、欧州安全保障協力機構（OSCE）といった機関を通じ、欧州が力を合わせて促したからこそ、ロシアやトルコなどで曲がりなりにも市民社会が成長した。国際法に基づいた秩序を定着させることもできた。

フランスが権威主義国家に転じると、その本丸が崩れることになる。これは、単なるフランス一国の問題ではない。欧州全体、さらには世界の自由と人権、民主主義や国際秩序にかかわる試練だといえる。

正面からテロやイスラム主義、ロシアの脅威が迫る。内側からは、ポピュリズムと権威主義がじわじわと侵食する。何より自由を愛し、民主主義と人権擁護の理念を誇ってきたフランスが現在置かれているのは、かつてなく苦しい状況である。フランスにとどまらず、欧州各国も、米国も、同じように締め付けられ、身動きが取れなくなっている。

日本も、これを他人事ととらえることはできないだろう。欧州でうかがえる現象は、それから十年か二十年かして日本にも到来するのが常である。テロ、イスラム主義、ポピュリズム、権威主義といった脅威のいくつかは、すでに兆候がうかがえる。それだけに、日本はフランスの姿に我が身を投影したい。フランスが直面する問題は、私たちを含むすべての民主国家、文明社会が向き合わざるを得ない問題なのである。

おわりに　近ごろ世界で

近ごろ世界で、驚くべき出来事が多い。

特に二〇一六年は仰天の連続だった。六月、欧州連合（ＥＵ）残留か離脱かを問う英国の国民投票で、まさかの離脱の結果が出た。米大統領選では、そのうち消えるといわれたトランプ氏が七月に共和党の大統領候補指名を受け、十一月には当選してしまった。欧州では大規模テロも相次いだ。

文明社会は本来、驚きに乏しいはずである。昨日と同じ今日があり、たぶん同じ明日が来る。だからこそ、人々は平凡な生活を楽しみ、今後の予定を立て、将来設計に思いを巡らしたうえで、ぐっすり眠る。

しかし、この年に目についたのは、昨日とは異なる今日が突然訪れる現象である。世界は、安定の時代から、先行きの読めない変動の時代に移ったのか。二〇一七年も驚愕に包まれた年になるのだろうか。この文章を書いている四月頭現在、来《きた》るフランス大統領選で番狂わせが起きないかと心配になっている。

「確かに驚きは避けられません。ただ、歴史をしっかり認識すれば、衝撃は受けても、腰を抜かすことはないでしょう」

こう語ったのは、米エール大学のティモシー・スナイダー教授である。中東欧の歴史を専門とする教授は米国を代表するストーリーテラーとして知られ、ホロコースト（ユダヤ人大虐殺）を追った『ブラックアース』『ブラッドランド』などは邦訳もされ話題を呼んだ。私は二〇一六年二月に、大学を訪ねてインタビューをしたほか、一七年一月に来日した折にも、話を聴く機会があった。

私たちが度肝を抜かれるのは、「なぜそれが起きたのか」「それがどういう意味を持つのか」を理解できないからだ。その答えは、歴史の中にある。予想外の出来事を過去の記憶と重ね合わせれば、驚きを相対化できる。何が新しいか、何が新しくないか。見極められれば、次に到来する事態も推測できる。

教授は、最近の驚くべき現象を見据えるうえで、三つの視点を指摘した。

【一】同様の現象は過去にもあった
近年の出来事はグローバル化の反動として起きたもので、それ自体驚くべきことではない。十九世紀末のグローバル化の際も、同様の反動現象が歴史に刻まれている。

【二】最も危険な要素を探れ

歴史を念頭に置くと、グローバル化の反動がどのような形で出現するかも見えてくる。そこに浮かぶ様々な要素の中で、かつての「ファシズム」のように最も危険な兆候をより分けることが可能になる。

【三】戦うには結束を

リベラル・デモクラシーや市民社会など現代のライフスタイルの諸要素は、極めて脆弱な存在だ。常に守ろうと努めない限り、つぶされかねない。あえてそれを壊そうとする敵に対して、私たちは共に戦う仲間を見つける必要がある。

この三点は、トランプ政権下の米国で生きるスナイダー教授自身の心構えでもあるだろう。新政権の誕生が決まって以降、教授は一貫して、その危険性について警告を発し続けてきた。何も発言しないで権威主義に覆われた社会が出現するよりも、過剰なほどその危うさを指摘して後で笑われる方がいい。それが歴史家としての良心だ、と心得るという。

彼が特に気にかけるのは、米国がテロや軍事衝突、大災害といった「予想外の出来事」に直面するときだ。

「近いうちに必ず、何か事件が起きます。そのとき、トランプはきっと、おかしな行動を取るに違いありません。問題なのは、『この危機に対応するには、市民の権利を制限しなければ』と彼が言い出すときです。そのような日が来るかもしれないことを、忘れてはなりません」

フランスでも、これから様々な驚きが起きるだろう。社会に蓄積された矛盾が大きい以上、たとえ大統領選を無傷で乗り越えても、次に何が待っているかわからない。その時、市民が自らの立ち位置を見失わず、冷静で賢明な行動に出られるだろうか。

日本からも、その様子をじっと見つめていたい。その営みの過程で、本書が何らかの役に立てば光栄である。

本書は書き下ろしで、文責はすべて筆者にある。情報の一部は朝日新聞や『フォーサイト』『アステイオン』『日仏文化研究』『ふらんす』などに掲載したことがある。本文中の敬称はすべて略した。

取材、調査、執筆にあたっては、池内恵《さとし》、板橋拓己、ベアトリス・ウシャール、遠藤乾《けん》、セザール・カステルヴィ、ジル・ケペル、ブルノ・ゴルニシュ、酒井啓子、イリーナ・シェペリスカヤ、パスカル・ペリノー、水島治郎、山本圭、吉田徹、クロード・ルブラン、オリヴィエ・ロワ、渡邊啓貴《ひろたか》の各氏をはじめとする多くの方々やフランス外務省、在日フランス大使館からの貴重な支援と助言を得た。水島、山本両氏からは、内容の全体にわたって詳細な指摘をいただいた。青田秀樹パリ支局長をはじめとする朝日新聞のスタッフや同僚からも大いに助けられた。取材に協力してくれた方々、編集にあたって尽力をいただいた講談社の田中浩史氏とスタジオ・フォンテの赤羽高樹氏に、心から御礼を申し上げたい。執筆期間中に迷惑をかけた家族には詫びを述べたい。

一九八五年にオルリー空港に降り立って以来、フランスの後ろ姿を追い始めて三十年余が過ぎたが、この国がこんな方向に進むとは、正直思ってもみなかった。気まぐれな恋人に引きずられるまま、怪しげな一帯に踏み込んでしまった気分である。しかし、それもフランスに魅力があってのことだろう。ここまで来た以上、もうしばらく付き合いを続けたいと考えている。

Jean Marie Le Pen, 2001, *Le Pen*, Objectif France
Marine Le Pen, 2006, *À contre flots*, Grancher
Juan José Linz, 1975, *Totalitarian and Authoritarian Regimes*, Addison-Wesley（J．リンス，高橋進監訳，1995,『全体主義体制と権威主義体制』法律文化社）
Patrice Machuret, 2012, *Dans la peau de Marine Le Pen*, Seuil
Marie-Eve Malouines, Carl Meeus, 2006, *La madone et le culbuto*, Fayard
Serge Moati, 2014, *Le Pen vous et moi*, Flammarion
Benjamin Moffitt, 2016, *The Global Rise of Populism*, Stanford University Press
Caroline Monnot, Abel Mestre, 2011, *Le Système Le Pen*, Denoël
Jan-Werner Müller, 2016, *What Is Populism?*, University of Pennsylvania Press（ヤン＝ヴェルナー・ミュラー，板橋拓己訳，2017 予定，『ポピュリズムとは何か』岩波書店）
Pascal Perrineau, 2014, *La France au Front*, Fayard
Nicolas Prissette, 2016, *Emmanuel Macron en marche vers l'Elysée*, Plon
Dani Rodrik, 2011, *The Globalization Paradox*, W. W. Norton & Company（ダニ・ロドリック，柴山桂太・大川良文訳，2013,『グローバリゼーション・パラドクス』白水社）
Romain Rosso, 2011, *La face cachée de Marine Le Pen*, Flammarion
Olivier Roy, 2015, *La peur de l'islam*, l'aube Le Monde
Stéphane Ruet, Valérie Trierweiler, 2012, *François Hollande Président*, Le Cherche Midi
Matthieu Suc, 2016, *Femmes de Djihadistes*, Fayard
Michel Wieviorka, 2016, *Le Séisme*, Robert Laffont
池内恵，2015,『イスラーム国の衝撃』文春新書
遠藤乾，2016,『欧州複合危機』中公新書
国末憲人，2005,『ポピュリズムに蝕まれるフランス』草思社
国末憲人，2005,『自爆テロリストの正体』新潮新書
国末憲人，2009,『サルコジ』新潮選書
国末憲人，2014,『巨大「実験国家」EU は生き残れるのか？』草思社
国末憲人，2016,『ポピュリズム化する世界』プレジデント社
高橋進，石田徹編，2013,『ポピュリズム時代のデモクラシー』法律文化社
畑山敏夫，1997,『フランス極右の新展開』国際書院
畑山敏夫，2007,『現代フランスの新しい右翼』法律文化社
水島治郎，2016,『ポピュリズムとは何か』中公新書
水島治郎編，2016,『保守の比較政治学』岩波書店
山内昌之編著，2017,『中東と IS の地政学』朝日選書
山本圭，2016,『不審者のデモクラシー』岩波書店
吉田徹，2011,『ポピュリズムを考える』NHK ブックス
渡邊啓貴，2013,『シャルル・ドゴール』慶應義塾大学出版会

【主要参考文献】（単行本のみ）

Dominique Albertini, David Doucet, 2013, *Histoire du Front national*, Tallandier
Raphaëlle Bacqué, Ariane Chemin, 2007, *La femme fatale*, Albin Michel
Raphaëlle Bacqué, Ariane Chemin, 2012, *Les Strauss-Kahn*, Albin Michel
Karim Baouz, 2016, *Plongée au coeur de la fabrique djihadiste*, First
Anna Bitton, 2007, *Cécilia*, Flammarion
Alix Bouilhaguet, Christophe Jakubyszyn, 2012, *La frondeuse*, Editions du Moment
Maël de Calan, 2016, *La vérité sur le programme du Front national*, Plon
Aymeric Chauprade, 2013, *Chronique du choc des civilisations*, Chronique Éditions
Ariane Chemin, Judith Perrignon, 2007, *La nuit du Fouquet's*, Fayard
Christiane Chombeau, 2007, *Le Pen, Fille & père*, Panama
Sylvain Courage, 2012, *L'Ex*, Editions du Moment
Sylvain Crépon, 2012, *Enquête au coeur du nouveau Front national*, Nouveau Monde
Michaël Darmon ,Yves Derai, 2008, *Ruptures*, Editions du Moment
Frédéric Deslauriers, 2011, *Les 200 jours de Marine Le Pen*, Plon
François Durpaire, Farid Boudjellal, 2015, *La Présidente*, Les Arènes
François Durpaire, Farid Boudjellal, 2016, *La Présidente tome 2 Totalitaire*, Les Arènes
Marc Fauchoux, Christophe Forcari, 2007, *Le Pen Le dernier combat*, Jacob-Duvernet
Caroline Fourest, Jean-Christophe Chauzy, 2012, *La Vie secrète de Marine Le Pen*, Grasset/ Glénat
Hind Fraihi, 2016, *En immersion à Molenbeek*, La Différence
Joël Gombin, 2016, *Le Front national*, Eyrolles
Olivier Guland, 2000, *Le Pen, Mégret et les juifs*, La Découverte
Michel Houellebecq, 2015, *Soumission*, Flammarion（ミシェル・ウエルベック, 大塚桃訳, 2015, 『服従』河出書房新社）
Irène Inchauspé, Claude Leblanc, 2015, *C'est pas ma faute !*, Edition du Cerf
Gilles Kepel, 2015, *Terreur dans l'Hexagone*, Gallimard
Farhad Khosrokhavar, 2004, *L'Islam dans les prisons*, Balland
Guy Konopnicki, 2007, *Élu !*, Hugo & Compagnie
Jonathan Laurence, Justin Vaïsse, 2006, *Integrating Islam: Political and Religious Challenges in Contemporary France*, Brookings Institution Press
Nadia Le Brun, Alain Bourmaud, 2012, *Valérie Trierweiler, la dame de pique*, First

国末憲人

朝日新聞GLOBE編集長、青山学院大学文学部フランス文学科非常勤講師。1963年、岡山県生まれ。85年、大阪大学卒業。87年に紀行「アフリカの街角から」で朝日ジャーナル大賞優秀賞を受賞。同年パリ第2大学新聞研究所を中退して朝日新聞社に入社し、パリ特派員、パリ支局長、論説委員を務めた。
著書に『自爆テロリストの正体』『サルコジ』『ミシュラン　三つ星と世界戦略』（いずれも新潮社）、『ポピュリズムに蝕まれるフランス』『イラク戦争の深淵』『巨大「実験国家」EUは生き残れるのか?』（いずれも草思社）、『ユネスコ「無形文化遺産」』（平凡社）、『ポピュリズム化する世界』（プレジデント社）など。

講談社+α《プラスアルファ》新書　763-1 C

ポピュリズムと欧州《おうしゅう》動《どう》乱《らん》

フランスはEU崩壊の引き金を引くのか

国末《くにすえ》憲《のり》人《と》

2017年4月20日第1刷発行

発行者――鈴木 哲
発行所――株式会社 講談社
東京都文京区音羽2-12-21 〒112-8001
電話 編集(03)5395-3522
販売(03)5395-4415
業務(03)5395-3615
デザイン――鈴木成一デザイン室
カバー印刷――共同印刷株式会社
印刷――凸版印刷株式会社
製本――株式会社若林製本工場

ISBN978-4-06-272992-5

講談社+α新書

新しいニッポンの業界地図 **みんなが知らない超優良企業**
田宮寛之
日本の当たり前が世界の需要を生む。将来有望な約250社を一覧。ビジネスに就活に必読！
840円 728-1 C

運が99%戦略は1% インド人の超発想法
山田真美
世界的CEOを輩出する名門大で教える著者が迫る、国民性から印僑までインドパワーの秘密
860円 729-1 C

全国13万人 年商1000億円 **ポーラレディ 頂点のマネジメント力**
本庄清
絶好調のポーラを支える女性パワー！ その源泉となる「人を前向きに動かす」秘密を明かす
780円 730-1 C

人生の金メダリストになる「準備力」 成功するルーティーンには2つのタイプがある
清水宏保
プレッシャーと緊張を伴走者にして潜在能力を100%発揮！ 2種類のルーティーンを解説
840円 731-1 C

「ハラ・ハラ社員」が会社を潰す
野崎大輔
ミスを叱ったらパワハラ、飲み会に誘ったらアルハラ。会社をどんどん窮屈にする社員の実態
840円 732-1 A

偽りの保守・安倍晋三の正体
岸井成格
佐高信
保守本流の政治記者と市民派論客が、「本物の保守」の姿を語り、安倍政治の虚妄と弱さを衝く
800円 733-1 C

大メディアの報道では絶対にわからない **どアホノミクスの正体**
佐高信
浜矩子
稀代の辛口論客ふたりが初タッグを結成！ 激しくも知的なアベノミクス批判を展開する
840円 733-2 C

一回3秒 これだけ体操 **腰痛は「動かして」治しなさい**
松平浩
『NHKスペシャル』で大反響！ 介護職員をコルセットから解放した腰痛治療の新常識！
780円 734-1 B

遺品は語る 遺品整理業者が教える「独居老人600万人」「無縁死3万人」時代に必ずやっておくべきこと
赤澤健一
多死社会はここまで来ていた！ 誰もが一人で死ぬ時代に、「いま為すべきこと」をプロが教示
800円 735-1 C

ドナルド・トランプ、大いに語る
セス・ミルスタイン 編
講談社 編訳
アメリカを再び偉大に！ 怪物か、傑物か、全米が熱狂・失笑・激怒したトランプの〝迷〟言集
840円 736-1 C

ルポ ニッポン絶望工場
出井康博
外国人の奴隷労働が支える便利な生活。知られざる崩壊寸前の現場、犯罪集団化の実態に迫る
840円 737-1 C

表示価格はすべて本体価格（税別）です。本体価格は変更することがあります

講談社＋α新書

18歳の君へ贈る言葉　柳沢幸雄
名門・開成学園の校長先生が生徒たちに話していること。才能を伸ばす36の知恵。親子で必読！　800円 738-1 C

本物のビジネス英語力　久保マサヒデ
ロンドンのビジネス最前線で成功した英語の秘訣を伝授！　この本でもう英語は怖くなくなる　780円 739-1 C

選ばれ続ける必然　誰でもできる「ブランディング」のはじめ方　佐藤圭一
商品に魅力があるだけではダメ。プロが教える選ばれ続け、ファンに愛される会社の作り方　840円 740-1 C

歯はみがいてはいけない　森昭
今すぐやめないと歯が抜け、口腔細菌で全身病になる。カネで歪んだ日本の歯科常識を告発!!　840円 741-1 B

一日一日、強くなる　伊調馨の「壁を乗り越える」言葉　伊調馨
オリンピック4連覇へ！　常に進化し続ける伊調馨の孤高の言葉たち。志を抱くすべての人に　800円 742-1 C

50歳からの出直し大作戦　出口治明
会社の辞めどき、家族の説得、資金の手当て。著者が取材した50歳から花開いた人の成功理由　840円 743-1 C

財務省と大新聞が隠す本当は世界一の日本経済　上念司
財務省のHPに載る七〇〇兆円の政府資産は、誰の物なのか!?　それを隠すセコ過ぎる理由は　880円 744-1 C

考える力をつける本　畑村洋太郎
企画にも問題解決にも。失敗学・創造学の第一人者が教える誰でも身につけられる知的生産術　840円 746-1 C

世界大変動と日本の復活　竹中教授の2020年・日本大転換プラン　竹中平蔵
アベノミクスの目標＝GDP600兆円はこうすれば達成できる。最強経済への4大成長戦略　840円 747-1 C

ビジネスZEN入門　松山大耕
ジョブズを始めとした世界のビジネスリーダーがたしなむ「禅」が、あなたにも役立ちます！　840円 748-1 C

グーグルを驚愕させた日本人の知らないニッポン企業　山川博功
取引先は世界一二〇ヵ国以上、社員の三分の一は外国人。小さな超グローバル企業の快進撃！　840円 749-1 C

表示価格はすべて本体価格（税別）です。本体価格は変更することがあります